中国证监会投资者保护局　指导单位

轻松读懂
新《证券法》

上海证券交易所　编著

Securities Law of
the People's Republic of China

人民出版社

序　言

2019年12月28日，第十三届全国人大常委会第十五次会议审议通过了修订后的《中华人民共和国证券法》（以下简称"新《证券法》"），并于2020年3月1日起正式施行。从2015年4月初次审议至今，本轮证券法的修订历经4年时间、3轮审议。新《证券法》系统总结了多年来我国证券市场改革发展、监管执法、风险防控的实践经验，在深入分析证券市场运行规律和发展阶段性特点的基础上，作出了一系列新的制度改革完善。例如，全面推行证券发行注册制度、显著提高证券违法违规成本、完善投资者保护制度、进一步强化信息披露要求、完善证券交易制度、落实"放管服"要求取消相关行政许可、压实中介机构市场"看门人"法律职责、建立健全多层次资本市场体系、强化监管执法和风险防范等，进一步完善了证券市场基础制度，体现了市场化、法治化、国际化方向，为证券市场全面深化改革落实落地，有效防控市场风险，提高上市公司质量，切实维护投资者合法权益，促进证券市场服务实体经济功能发挥，打造一个规范、透明、开放、有活力、有韧性的资本市场，提供了坚强的法治保障。

"维护投资者的合法权益"是《证券法》的立法宗旨，"保护投资者特别是中小投资者合法权益"是证券监管的核心目标，一部《证券法》实质上就是一部投资者保护之法。新《证券法》将投资者保护的理念和宗旨贯穿始终，体现在证券发行、上市、交易、信息披露、监管等各个层面和各个环节的制度规定中。本次修订更是基于我国资本市场以中小投资者为主的投资者结构，充分吸收实践经验，设专章规定投资者保护制度，进一步加强对中小投资者的倾斜性保护。

本书主要围绕投资者关注的新《证券法》中投资者保护相关制度规定，选取投资者应知应会的知识要点，特别是涉及投资者保护相关内容，通过简单易懂、形式多样的解读，帮助投资者了解和掌握新《证券法》相关知识。本书分为五个部分。第一部分是基础知识篇，通过修订对照表这一形式为投资者清晰明了地呈现新旧条文的不同，投资者可以轻松发现本次证券法修订的亮点；第二部分是专家解读篇，围绕新《证券法》的制度创新与理论价值、投资者适当性管理、持股行权和先行赔付等主题，邀请业界和高校专家学者撰写专题文章，帮助投资者进一步理解新《证券法》中投资者保护等相关制度安排；第三部分是知识问答篇，根据新《证券法》中不同的主题和内容划分为 9 个专题，以投资者喜闻乐见的"问+答"的形式，帮助广大投资者提升对新《证券法》相关内容的熟悉和了解程度；第四部分是理论实践篇，重点介绍了在科创板试点注册制改革积累的经验，帮助投资者了解在科创板发行、上市、交易、退市等各方面的制度安排；第五部分是自测题篇，分为单选题和判断题两部分，投资者可以在学习完前四部分之后，检验一下自己究竟掌握了多少知识点。

《轻松读懂新〈证券法〉》是在中国证监会投资者保护局指导下，由上海证券交易所编著完成的。本书的出版还得到了多位著名高校学者和业界同行专家的大力支持，大家为撰写书稿投入了大量的时间和精力，表示感谢！

作为上海证券交易所第一本新《证券法》投资者教育普及读本，我们将这份"礼物"送给广大投资者，希望投资者们可以轻轻松松读懂新《证券法》，了解掌握相关知识，依法依规行权维权，不断提高自我保护能力。

2020 年 5 月 10 日

目　录

第一部分　基础知识篇

《中华人民共和国证券法》修订对照表

(灰色字部分表示删除或者修改，**黑体**字部分表示新增或者修改)

2014 年修订	2019 年修订
目录	**目录**
第一章 总则	第一章 总则
第二章 证券发行	第二章 证券发行
第三章 证券交易	第三章 证券交易
第一节 一般规定	第一节 一般规定
第二节 证券上市	第二节 证券上市
第三节 持续信息公开	**(移至第五章)**
第四节 禁止的交易行为	**第三节 禁止的交易行为**
第四章 上市公司的收购	第四章 上市公司的收购
	第五章 信息披露
	第六章 投资者保护
第五章 证券交易所	**第七章 证券交易场所**
第六章 证券公司	**第八章 证券公司**
第七章 证券登记结算机构	**第九章 证券登记结算机构**
第八章 证券服务机构	**第十章 证券服务机构**
第九章 证券业协会	**第十一章 证券业协会**
第十章 证券监督管理机构	**第十二章 证券监督管理机构**

2014 年修订	2019 年修订
第十一章 法律责任	**第十三章 法律责任**
第十二章 附则	**第十四章 附则**
第一章 总则	**第一章 总则**
第一条 为了规范证券发行和交易行为，保护投资者的合法权益，维护社会经济秩序和社会公共利益，促进社会主义市场经济的发展，制定本法。	第一条 为了规范证券发行和交易行为，保护投资者的合法权益，维护社会经济秩序和社会公共利益，促进社会主义市场经济的发展，制定本法。
第二条 在中华人民共和国境内，股票、公司债券和国务院依法认定的其他证券的发行和交易，适用本法；本法未规定的，适用《中华人民共和国公司法》和其他法律、行政法规的规定。 政府债券、证券投资基金份额的上市交易，适用本法；其他法律、行政法规另有规定的，适用其规定。 证券衍生品种发行、交易的管理办法，由国务院依照本法的原则规定。	第二条 在中华人民共和国境内，股票、公司债券、**存托凭证**和国务院依法认定的其他证券的发行和交易，适用本法；本法未规定的，适用《中华人民共和国公司法》和其他法律、行政法规的规定。 政府债券、证券投资基金份额的上市交易，适用本法；其他法律、行政法规另有规定的，适用其规定。 **资产支持证券、资产管理产品发行、交易的管理办法，由国务院依照本法的原则规定。** **在中华人民共和国境外的证券发行和交易活动，扰乱中华人民共和国境内市场秩序，损害境内投资者合法权益的，依照本法有关规定处理并追究法律责任。**
第三条 证券的发行、交易活动，必须**实行**公开、公平、公正的原则。	第三条 证券的发行、交易活动，必须**遵循**公开、公平、公正的原则。
第四条 证券发行、交易活动的当事人具有平等的法律地位，应当遵守自愿、有偿、诚实信用的原则。	第四条 证券发行、交易活动的当事人具有平等的法律地位，应当遵守自愿、有偿、诚实信用的原则。

2014 年修订	2019 年修订
第五条 证券的发行、交易活动，必须遵守法律、行政法规；禁止欺诈、内幕交易和操纵证券市场的行为。	第五条 证券的发行、交易活动，必须遵守法律、行政法规；禁止欺诈、内幕交易和操纵证券市场的行为。
第六条 证券业和银行业、信托业、保险业实行分业经营、分业管理，证券公司与银行、信托、保险业务机构分别设立。国家另有规定的除外。	第六条 证券业和银行业、信托业、保险业实行分业经营、分业管理，证券公司与银行、信托、保险业务机构分别设立。国家另有规定的除外。
第七条 国务院证券监督管理机构依法对全国证券市场实行集中统一监督管理。 国务院证券监督管理机构根据需要可以设立派出机构，按照授权履行监督管理职责。	第七条 国务院证券监督管理机构依法对全国证券市场实行集中统一监督管理。 国务院证券监督管理机构根据需要可以设立派出机构，按照授权履行监督管理职责。
第八条 在国家对证券发行、交易活动实行集中统一监督管理的前提下，依法设立证券业协会，实行自律性管理。	
第九条 国家审计机关依法对证券交易所、证券公司、证券登记结算机构、证券监督管理机构进行审计监督。	第八条 国家审计机关依法对证券交易场所、证券公司、证券登记结算机构、证券监督管理机构进行审计监督。
第二章 证券发行	第二章 证券发行
第十条 公开发行证券，必须符合法律、行政法规规定的条件，并依法报经国务院证券监督管理机构或者国务院授权的部门核准；未经依法核准，任何单位和个人不得公开	第九条 公开发行证券，必须符合法律、行政法规规定的条件，并依法报经国务院证券监督管理机构或者国务院授权的部门注册。未经依法注册，任何单位和个人不得公开

2014 年修订	2019 年修订
（续） 发行证券。 有下列情形之一的，为公开发行： （一）向不特定对象发行证券的； （二）向特定对象发行证券累计超过二百人的； （三）法律、行政法规规定的其他发行行为。 非公开发行证券，不得采用广告、公开劝诱和变相公开方式。	（续） 发行证券。**证券发行注册制的具体范围、实施步骤，由国务院规定。** 有下列情形之一的，为公开发行： （一）向不特定对象发行证券； （二）向特定对象发行证券累计超过二百人，**但依法实施员工持股计划的员工人数不计算在内**； （三）法律、行政法规规定的其他发行行为。 非公开发行证券，不得采用广告、公开劝诱和变相公开方式。
第十一条 发行人申请公开发行股票、可转换为股票的公司债券，依法采取承销方式的，或者公开发行法律、行政法规规定实行保荐制度的其他证券的，应当聘请具有保荐资格的机构担任保荐人。 保荐人应当遵守业务规则和行业规范，诚实守信，勤勉尽责，对发行人的申请文件和信息披露资料进行审慎核查，督导发行人规范运作。 保荐人的资格及其管理办法由国务院证券监督管理机构规定。	**第十条** 发行人申请公开发行股票、可转换为股票的公司债券，依法采取承销方式的，或者公开发行法律、行政法规规定实行保荐制度的其他证券的，应当聘请**证券公司**担任保荐人。 保荐人应当遵守业务规则和行业规范，诚实守信，勤勉尽责，对发行人的申请文件和信息披露资料进行审慎核查，督导发行人规范运作。 保荐人的管理办法由国务院证券监督管理机构规定。
第十二条 设立股份有限公司公开发行股票，应当符合《中华人民共和国公司法》规定的条件和经国务院批准的国务院证券监督管理机构规定的其他条件，向国务院证券监督管理机构报送募股申请和下列文件： （一）公司章程； （二）发起人协议；	**第十一条** 设立股份有限公司公开发行股票，应当符合《中华人民共和国公司法》规定的条件和经国务院批准的国务院证券监督管理机构规定的其他条件，向国务院证券监督管理机构报送募股申请和下列文件： （一）公司章程； （二）发起人协议；

2014 年修订	2019 年修订
（续） （三）发起人姓名或者名称，发起人认购的股份数、出资种类及验资证明； （四）招股说明书； （五）代收股款银行的名称及地址； （六）承销机构名称及有关的协议。 依照本法规定聘请保荐人的，还应当报送保荐人出具的发行保荐书。 法律、行政法规规定设立公司必须报经批准的，还应当提交相应的批准文件。	（续） （三）发起人姓名或者名称，发起人认购的股份数、出资种类及验资证明； （四）招股说明书； （五）代收股款银行的名称及地址； （六）承销机构名称及有关的协议。 依照本法规定聘请保荐人的，还应当报送保荐人出具的发行保荐书。 法律、行政法规规定设立公司必须报经批准的，还应当提交相应的批准文件。
第十三条　公司公开发行新股，应当符合下列条件： （一）具备健全且运行良好的组织机构； （二）具有持续盈利能力，财务状况良好； （三）最近三年财务会计文件无虚假记载，无其他重大违法行为； （四）经国务院批准的国务院证券监督管理机构规定的其他条件。 上市公司非公开发行新股，应当符合经国务院批准的国务院证券监督管理机构规定的条件，并报国务院证券监督管理机构核准。	第十二条　公司首次公开发行新股，应当符合下列条件： （一）具备健全且运行良好的组织机构； （二）具有持续经营能力； （三）最近三年财务会计报告被出具无保留意见审计报告； （四）发行人及其控股股东、实际控制人最近三年不存在贪污、贿赂、侵占财产、挪用财产或者破坏社会主义市场经济秩序的刑事犯罪； （五）经国务院批准的国务院证券监督管理机构规定的其他条件。 上市公司发行新股，应当符合经国务院批准的国务院证券监督管理机构规定的条件，具体管理办法由国务院证券监督管理机构规定。 公开发行存托凭证的，应当符合首次公开发行新股的条件以及国务院证券监督管理机构规定的其他条件。

2014 年修订	2019 年修订
第十四条 公司公开发行新股，应当向国务院证券监督管理机构报送募股申请和下列文件： （一）公司营业执照； （二）公司章程； （三）股东大会决议； （四）招股说明书； （五）财务会计报告； （六）代收股款银行的名称及地址； （七）承销机构名称及有关的协议。 依照本法规定聘请保荐人的，还应当报送保荐人出具的发行保荐书。	第十三条 公司公开发行新股，应当报送募股申请和下列文件： （一）公司营业执照； （二）公司章程； （三）股东大会决议； （四）招股说明书或者其他公开发行募集文件； （五）财务会计报告； （六）代收股款银行的名称及地址。 依照本法规定聘请保荐人的，还应当报送保荐人出具的发行保荐书。 依照本法规定实行承销的，还应当报送承销机构名称及有关的协议。
第十五条 公司对公开发行股票所募集资金，必须按照招股说明书所列资金用途使用。改变招股说明书所列资金用途，必须经股东大会作出决议。擅自改变用途而未作纠正的，或者未经股东大会认可的，不得公开发行新股。	第十四条 公司对公开发行股票所募集资金，必须按照招股说明书或者其他公开发行募集文件所列资金用途使用；改变资金用途，必须经股东大会作出决议。擅自改变用途，未作纠正的，或者未经股东大会认可的，不得公开发行新股。
第十六条 公开发行公司债券，应当符合下列条件： （一）股份有限公司的净资产不低于人民币三千万元，有限责任公司的净资产不低于人民币六千万元； （二）累计债券余额不超过公司净资产的百分之四十； （三）最近三年平均可分配利润足以支付公司债券一年的利息； （四）筹集的资金投向符合国家产业政策； （五）债券的利率不超过国务院限	第十五条 公开发行公司债券，应当符合下列条件： （一）具备健全且运行良好的组织机构； （二）最近三年平均可分配利润足以支付公司债券一年的利息； （三）国务院规定的其他条件。 公开发行公司债券筹集的资金，必须按照公司债券募集办法所列资金用途使用；改变资金用途，必须经债券持有人会议作出决议。公开发行公司债券募集的资金，不得用于

2014 年修订	2019 年修订
（续） 定的利率水平； （六）国务院规定的其他条件。 公开发行公司债券筹集的资金，必须用于核准的用途，不得用于弥补亏损和非生产性支出。 上市公司发行可转换为股票的公司债券，除应当符合第一款规定的条件外，还应当符合本法关于公开发行股票的条件，并报国务院证券监督管理机构核准。	（续） 弥补亏损和非生产性支出。 上市公司发行可转换为股票的公司债券，除应当符合第一款规定的条件外，还应当**遵守本法第十二条第二款的规定。但是，按照公司债券募集办法，上市公司通过收购本公司股份的方式进行公司债券转换的除外。**
第十七条　申请公开发行公司债券，应当向国务院授权的部门或者国务院证券监督管理机构报送下列文件： （一）公司营业执照； （二）公司章程； （三）公司债券募集办法； （四）资产评估报告和验资报告； （五）国务院授权的部门或者国务院证券监督管理机构规定的其他文件。 依照本法规定聘请保荐人的，还应当报送保荐人出具的发行保荐书。	**第十六条**　申请公开发行公司债券，应当向国务院授权的部门或者国务院证券监督管理机构报送下列文件： （一）公司营业执照； （二）公司章程； （三）公司债券募集办法； **（四）国务院授权的部门或者国务院证券监督管理机构规定的其他文件。** 依照本法规定聘请保荐人的，还应当报送保荐人出具的发行保荐书。
第十八条　有下列情形之一的，不得再次公开发行公司债券： （一）前一次公开发行的公司债券尚未募足； （二）对已公开发行的公司债券或者其他债务有违约或者延迟支付本息的事实，仍处于继续状态； （三）违反本法规定，改变公开发行公司债券所募资金的用途。	**第十七条**　有下列情形之一的，不得再次公开发行公司债券： **（一）对已公开发行的公司债券或者其他债务有违约或者延迟支付本息的事实，仍处于继续状态；** **（二）违反本法规定，改变公开发行公司债券所募资金的用途。**

2014 年修订	2019 年修订
第十九条 发行人依法申请核准发行证券所报送的申请文件的格式、报送方式，由依法负责核准的机构或者部门规定。	**第十八条** 发行人依法申请**公开**发行证券所报送的申请文件的格式、报送方式，由依法负责**注册**的机构或者部门规定。
第二十条 发行人向国务院证券监督管理机构或者国务院授权的部门报送的证券发行申请文件，必须真实、准确、完整。 为证券发行出具有关文件的证券服务机构和人员，必须严格履行法定职责，保证其所出具文件的真实性、准确性和完整性。	**第十九条** 发行人报送的证券发行申请文件，**应当充分披露投资者作出价值判断和投资决策所必需的信息，内容应当**真实、准确、完整。 为证券发行出具有关文件的证券服务机构和人员，必须严格履行法定职责，保证其所出具文件的真实性、准确性和完整性。
第二十一条 发行人申请首次公开发行股票的，在提交申请文件后，应当按照国务院证券监督管理机构的规定预先披露有关申请文件。	**第二十条** 发行人申请首次公开发行股票的，在提交申请文件后，应当按照国务院证券监督管理机构的规定预先披露有关申请文件。
第二十二条 国务院证券监督管理机构设发行审核委员会，依法审核股票发行申请。 发行审核委员会由国务院证券监督管理机构的专业人员和所聘请的该机构外的有关专家组成，以投票方式对股票发行申请进行表决，提出审核意见。 发行审核委员会的具体组成办法、组成人员任期、工作程序，由国务院证券监督管理机构规定。	

2014 年修订	2019 年修订
第二十三条 国务院证券监督管理机构依照法定条件负责核准股票发行申请。核准程序应当公开，依法接受监督。 参与审核和核准股票发行申请的人员，不得与发行申请人有利害关系，不得直接或者间接接受发行申请人的馈赠，不得持有所核准的发行申请的股票，不得私下与发行申请人进行接触。 国务院授权的部门对公司债券发行申请的核准，参照前两款的规定执行。	**第二十一条** 国务院证券监督管理机构或者国务院授权的部门依照法定条件负责证券发行申请的注册。证券公开发行注册的具体办法由国务院规定。 **按照国务院的规定，证券交易所等可以审核公开发行证券申请，判断发行人是否符合发行条件、信息披露要求，督促发行人完善信息披露内容。** **依照前两款规定参与证券**发行申请**注册**的人员，不得与发行申请人有利害关系，不得直接或者间接接受发行申请人的馈赠，不得持有所**注册**的发行申请的**证券**，不得私下与发行申请人进行接触。
第二十四条 国务院证券监督管理机构或者国务院授权的部门应当自受理证券发行申请文件之日起三个月内，依照法定条件和法定程序作出予以核准或者不予核准的决定，发行人根据要求补充、修改发行申请文件的时间不计算在内。不予核准的，应当说明理由。	**第二十二条** 国务院证券监督管理机构或者国务院授权的部门应当自受理证券发行申请文件之日起三个月内，依照法定条件和法定程序作出予以**注册**或者不予**注册**的决定，发行人根据要求补充、修改发行申请文件的时间不计算在内。不予**注册**的，应当说明理由。
第二十五条 证券发行申请经核准，发行人应当依照法律、行政法规的规定，在证券公开发行前，公告公开发行募集文件，并将该文件置备于指定场所供公众查阅。 发行证券的信息依法公开前，任何知情人不得公开或者泄露该信息。 发行人不得在公告公开发行募集文件前发行证券。	**第二十三条** 证券发行申请经**注册后**，发行人应当依照法律、行政法规的规定，在证券公开发行前公告公开发行募集文件，并将该文件置备于指定场所供公众查阅。 发行证券的信息依法公开前，任何知情人不得公开或者泄露该信息。 发行人不得在公告公开发行募集文件前发行证券。

2014 年修订	2019 年修订
第二十六条 国务院证券监督管理机构或者国务院授权的部门对已作出的核准证券发行的决定，发现不符合法定条件或者法定程序，尚未发行证券的，应当予以撤销，停止发行。已经发行尚未上市的，撤销发行核准决定，发行人应当按照发行价并加算银行同期存款利息返还证券持有人；保荐人应当与发行人承担连带责任，但是能够证明自己没有过错的除外；发行人的控股股东、实际控制人有过错的，应当与发行人承担连带责任。	第二十四条 国务院证券监督管理机构或者国务院授权的部门对已作出的证券发行**注册**的决定，发现不符合法定条件或者法定程序，尚未发行证券的，应当予以撤销，停止发行。已经发行尚未上市的，撤销发行**注册**决定，发行人应当按照发行价并加算银行同期存款利息返还证券持有人；**发行人的控股股东、实际控制人以及保荐人，应当与发行人承担连带责任，但是能够证明自己没有过错的除外。** **股票的发行人在招股说明书等证券发行文件中隐瞒重要事实或者编造重大虚假内容，已经发行并上市的，国务院证券监督管理机构可以责令发行人回购证券，或者责令负有责任的控股股东、实际控制人买回证券。**
第二十七条 股票依法发行后，发行人经营与收益的变化，由发行人自行负责；由此变化引致的投资风险，由投资者自行负责。	第二十五条 股票依法发行后，发行人经营与收益的变化，由发行人自行负责；由此变化引致的投资风险，由投资者自行负责。
第二十八条 发行人向不特定对象发行的证券，法律、行政法规规定应当由证券公司承销的，发行人应当同证券公司签订承销协议。证券承销业务采取代销或者包销方式。证券代销是指证券公司代发行人发售证券，在承销期结束时，将未售出的证券全部退还给发行人的承销方式。证券包销是指证券公司将发行人的证券按照协议全部购入或者在承销期结束时将售后剩余证券全部自行购入的承销方式。	第二十六条 发行人向不特定对象发行的证券，法律、行政法规规定应当由证券公司承销的，发行人应当同证券公司签订承销协议。证券承销业务采取代销或者包销方式。证券代销是指证券公司代发行人发售证券，在承销期结束时，将未售出的证券全部退还给发行人的承销方式。证券包销是指证券公司将发行人的证券按照协议全部购入或者在承销期结束时将售后剩余证券全部自行购入的承销方式。

2014 年修订	2019 年修订
第二十九条 公开发行证券的发行人有权依法自主选择承销的证券公司。证券公司不得以不正当竞争手段招揽证券承销业务。	第二十七条 公开发行证券的发行人有权依法自主选择承销的证券公司。
第三十条 证券公司承销证券，应当同发行人签订代销或者包销协议，载明下列事项： （一）当事人的名称、住所及法定代表人姓名； （二）代销、包销证券的种类、数量、金额及发行价格； （三）代销、包销的期限及起止日期； （四）代销、包销的付款方式及日期； （五）代销、包销的费用和结算办法； （六）违约责任； （七）国务院证券监督管理机构规定的其他事项。	第二十八条 证券公司承销证券，应当同发行人签订代销或者包销协议，载明下列事项： （一）当事人的名称、住所及法定代表人姓名； （二）代销、包销证券的种类、数量、金额及发行价格； （三）代销、包销的期限及起止日期； （四）代销、包销的付款方式及日期； （五）代销、包销的费用和结算办法； （六）违约责任； （七）国务院证券监督管理机构规定的其他事项。
第三十一条 证券公司承销证券，应当对公开发行募集文件的真实性、准确性、完整性进行核查；发现有虚假记载、误导性陈述或者重大遗漏的，不得进行销售活动；已经销售的，必须立即停止销售活动，并采取纠正措施。	第二十九条 证券公司承销证券，应当对公开发行募集文件的真实性、准确性、完整性进行核查。发现有虚假记载、误导性陈述或者重大遗漏的，不得进行销售活动；已经销售的，必须立即停止销售活动，并采取纠正措施。 证券公司承销证券，不得有下列行为： （一）进行虚假的或者误导投资者的广告宣传或者其他宣传推介活动； （二）以不正当竞争手段招揽承销业务；

2014 年修订	2019 年修订
	（续） （三）其他违反证券承销业务规定的行为。 证券公司有前款所列行为，给其他证券承销机构或者投资者造成损失的，应当依法承担赔偿责任。
第三十二条 向不特定对象发行的证券票面总值超过人民币五千万元的，应当由承销团承销。承销团应当由主承销和参与承销的证券公司组成。	**第三十条** 向不特定对象发行证券**聘请**承销团承销**的**，承销团应当由主承销和参与承销的证券公司组成。
第三十三条 证券的代销、包销期限最长不得超过九十日。 证券公司在代销、包销期内，对所代销、包销的证券应当保证先行出售给认购人，证券公司不得为本公司预留所代销的证券和预先购入并留存所包销的证券。	**第三十一条** 证券的代销、包销期限最长不得超过九十日。 证券公司在代销、包销期内，对所代销、包销的证券应当保证先行出售给认购人，证券公司不得为本公司预留所代销的证券和预先购入并留存所包销的证券。
第三十四条 股票发行采取溢价发行的，其发行价格由发行人与承销的证券公司协商确定。	**第三十二条** 股票发行采取溢价发行的，其发行价格由发行人与承销的证券公司协商确定。
第三十五条 股票发行采用代销方式，代销期限届满，向投资者出售的股票数量未达到拟公开发行股票数量百分之七十的，为发行失败。发行人应当按照发行价并加算银行同期存款利息返还股票认购人。	**第三十三条** 股票发行采用代销方式，代销期限届满，向投资者出售的股票数量未达到拟公开发行股票数量百分之七十的，为发行失败。发行人应当按照发行价并加算银行同期存款利息返还股票认购人。
第三十六条 公开发行股票，代销、包销期限届满，发行人应当在规定的期限内将股票发行情况报国务院证券监督管理机构备案。	**第三十四条** 公开发行股票，代销、包销期限届满，发行人应当在规定的期限内将股票发行情况报国务院证券监督管理机构备案。

2014 年修订	2019 年修订
第三章 证券交易	第三章 证券交易
第一节 一般规定	第一节 一般规定
第三十七条 证券交易当事人依法买卖的证券，必须是依法发行并交付的证券。 非依法发行的证券，不得买卖。	第三十五条 证券交易当事人依法买卖的证券，必须是依法发行并交付的证券。 非依法发行的证券，不得买卖。
第三十八条 依法发行的股票、公司债券及其他证券，法律对其转让期限有限制性规定的，在限定的期限内不得买卖。	第三十六条 依法发行的证券，《中华人民共和国公司法》和其他法律对其转让期限有限制性规定的，在限定的期限内不得转让。 上市公司持有百分之五以上股份的股东、实际控制人、董事、监事、高级管理人员，以及其他持有发行人首次公开发行前发行的股份或者上市公司向特定对象发行的股份的股东，转让其持有的本公司股份的，不得违反法律、行政法规和国务院证券监督管理机构关于持有期限、卖出时间、卖出数量、卖出方式、信息披露等规定，并应当遵守证券交易所的业务规则。
第三十九条 依法公开发行的股票、公司债券及其他证券，应当在依法设立的证券交易所上市交易或者在国务院批准的其他证券交易场所转让。	第三十七条 公开发行的证券，应当在依法设立的证券交易所上市交易或者在国务院批准的其他全国性证券交易场所交易。 非公开发行的证券，可以在证券交易所、国务院批准的其他全国性证券交易场所、按照国务院规定设立的区域性股权市场转让。
第四十条 证券在证券交易所上市交易，应当采用公开的集中交易方式或者国务院证券监督管理机构批准的其他方式。	第三十八条 证券在证券交易所上市交易，应当采用公开的集中交易方式或者国务院证券监督管理机构批准的其他方式。

2014 年修订	2019 年修订
第四十一条 证券交易当事人买卖的证券可以采用纸面形式或者国务院证券监督管理机构规定的其他形式。	第三十九条 证券交易当事人买卖的证券可以采用纸面形式或者国务院证券监督管理机构规定的其他形式。
第四十二条 证券交易以现货和国务院规定的其他方式进行交易。	
第四十三条 证券交易所、证券公司和证券登记结算机构的从业人员、证券监督管理机构的工作人员以及法律、行政法规禁止参与股票交易的其他人员，在任期或者法定限期内，不得直接或者以化名、借他人名义持有、买卖股票，也不得收受他人赠送的股票。 任何人在成为前款所列人员时，其原已持有的股票，必须依法转让。	第四十条 证券交易场所、证券公司和证券登记结算机构的从业人员，证券监督管理机构的工作人员以及法律、行政法规规定禁止参与股票交易的其他人员，在任期或者法定限期内，不得直接或者以化名、借他人名义持有、买卖股票或者其他具有股权性质的证券，也不得收受他人赠送的股票或者其他具有股权性质的证券。 任何人在成为前款所列人员时，其原已持有的股票或者其他具有股权性质的证券，必须依法转让。 实施股权激励计划或者员工持股计划的证券公司的从业人员，可以按照国务院证券监督管理机构的规定持有、卖出本公司股票或者其他具有股权性质的证券。
第四十四条 证券交易所、证券公司、证券登记结算机构必须依法为客户开立的账户保密。	第四十一条 证券交易场所、证券公司、证券登记结算机构、证券服务机构及其工作人员应当依法为投资者的信息保密，不得非法买卖、提供或者公开投资者的信息。 证券交易场所、证券公司、证券登记结算机构、证券服务机构及其工作人员不得泄露所知悉的商业秘密。

2014 年修订	2019 年修订
第四十五条 为股票发行出具审计报告、资产评估报告或者法律意见书等文件的证券服务机构和人员，在该股票承销期内和期满后六个月内，不得买卖该种股票。 除前款规定外，为上市公司出具审计报告、资产评估报告或者法律意见书等文件的证券服务机构和人员，自接受上市公司委托之日起至上述文件公开后五日内，不得买卖该种股票。	第四十二条 为证券发行出具审计报告或者法律意见书等文件的证券服务机构和人员，在该证券承销期内和期满后六个月内，不得买卖该证券。 除前款规定外，为发行人及其控股股东、实际控制人，或者收购人、重大资产交易方出具审计报告或者法律意见书等文件的证券服务机构和人员，自接受委托之日起至上述文件公开后五日内，不得买卖该证券。实际开展上述有关工作之日早于接受委托之日的，自实际开展上述有关工作之日起至上述文件公开后五日内，不得买卖该证券。
第四十六条 证券交易的收费必须合理，并公开收费项目、收费标准和收费办法。 证券交易的收费项目、收费标准和管理办法由国务院有关主管部门统一规定。	第四十三条 证券交易的收费必须合理，并公开收费项目、收费标准和管理办法。
第四十七条 上市公司董事、监事、高级管理人员、持有上市公司股份百分之五以上的股东，将其持有的该公司的股票在买入后六个月内卖出，或者在卖出后六个月内又买入，由此所得收益归该公司所有，公司董事会应当收回其所得收益。但是，证券公司因包销购入售后剩余股票而持有百分之五以上股份的，卖出该股票不受六个月时间限制。	第四十四条 上市公司、股票在国务院批准的其他全国性证券交易场所交易的公司持有百分之五以上股份的股东、董事、监事、高级管理人员，将其持有的该公司的股票或者其他具有股权性质的证券在买入后六个月内卖出，或者在卖出后六个月内又买入，由此所得收益归该公司所有，公司董事会应当收回其所得收益。但是，证券公司因购入包销售后剩余股票而持有百分之五

2014 年修订	2019 年修订
（续） 公司董事会不按照前款规定执行的，股东有权要求董事会在三十日内执行。公司董事会未在上述期限内执行的，股东有权为了公司的利益以自己的名义直接向人民法院提起诉讼。 公司董事会不按照第一款的规定执行的，负有责任的董事依法承担连带责任。	（续） 以上股份，以及有国务院证券监督管理机构规定的其他情形的除外。 前款所称董事、监事、高级管理人员、自然人股东持有的股票或者其他具有股权性质的证券，包括其配偶、父母、子女持有的及利用他人账户持有的股票或者其他具有股权性质的证券。 公司董事会不按照第一款规定执行的，股东有权要求董事会在三十日内执行。公司董事会未在上述期限内执行的，股东有权为了公司的利益以自己的名义直接向人民法院提起诉讼。 公司董事会不按照第一款的规定执行的，负有责任的董事依法承担连带责任。
	第四十五条 通过计算机程序自动生成或者下达交易指令进行程序化交易的，应当符合国务院证券监督管理机构的规定，并向证券交易所报告，不得影响证券交易所系统安全或者正常交易秩序。
第二节 证券上市	第二节 证券上市
第四十八条 申请证券上市交易，应当向证券交易所提出申请，由证券交易所依法审核同意，并由双方签订上市协议。 证券交易所根据国务院授权的部门的决定安排政府债券上市交易。	**第四十六条** 申请证券上市交易，应当向证券交易所提出申请，由证券交易所依法审核同意，并由双方签订上市协议。 证券交易所根据国务院授权的部门的决定安排政府债券上市交易。

2014 年修订	2019 年修订
第四十九条 申请股票、可转换为股票的公司债券或者法律、行政法规规定实行保荐制度的其他证券上市交易，应当聘请具有保荐资格的机构担任保荐人。 本法第十一条第二款、第三款的规定适用于上市保荐人。	
第五十条 股份有限公司申请股票上市，应当符合下列条件： （一）股票经国务院证券监督管理机构核准已公开发行； （二）公司股本总额不少于人民币三千万元； （三）公开发行的股份达到公司股份总数的百分之二十五以上；公司股本总额超过人民币四亿元的，公开发行股份的比例为百分之十以上； （四）公司最近三年无重大违法行为，财务会计报告无虚假记载。 证券交易所可以规定高于前款规定的上市条件，并报国务院证券监督管理机构批准。 第五十七条 公司申请公司债券上市交易，应当符合下列条件： （一）公司债券的期限为一年以上； （二）公司债券实际发行额不少于人民币五千万元； （三）公司申请债券上市时仍符合法定的公司债券发行条件。	第四十七条 申请证券上市交易，应当符合证券交易所上市规则规定的上市条件。 证券交易所上市规则规定的上市条件，应当对发行人的经营年限、财务状况、最低公开发行比例和公司治理、诚信记录等提出要求。
第五十一条 国家鼓励符合产业政策并符合上市条件的公司股票上市交易。	

2014 年修订	2019 年修订
第五十二条 申请股票上市交易，应当向证券交易所报送下列文件： （一）上市报告书； （二）申请股票上市的股东大会决议； （三）公司章程； （四）公司营业执照； （五）依法经会计师事务所审计的公司最近三年的财务会计报告； （六）法律意见书和上市保荐书； （七）最近一次的招股说明书； （八）证券交易所上市规则规定的其他文件。	
第五十三条 股票上市交易申请经证券交易所审核同意后，签订上市协议的公司应当在规定的期限内公告股票上市的有关文件，并将该文件置备于指定场所供公众查阅。	
第五十四条 签订上市协议的公司除公告前条规定的文件外，还应当公告下列事项： （一）股票获准在证券交易所交易的日期； （二）持有公司股份最多的前十名股东的名单和持股数额； （三）公司的实际控制人； （四）董事、监事、高级管理人员的姓名及其持有本公司股票和债券的情况。	

2014 年修订	2019 年修订
第五十八条　申请公司债券上市交易,应当向证券交易所报送下列文件: (一) 上市报告书; (二) 申请公司债券上市的董事会决议; (三) 公司章程; (四) 公司营业执照; (五) 公司债券募集办法; (六) 公司债券的实际发行数额; (七) 证券交易所上市规则规定的其他文件。 申请可转换为股票的公司债券上市交易，还应当报送保荐人出具的上市保荐书。	
第五十九条　公司债券上市交易申请经证券交易所审核同意后、签订上市协议的公司应当在规定的期限内公告公司债券上市文件及有关文件。并将其申请文件置备于指定场所供公众查阅。	
第五十五条　上市公司有下列情形之一的，由证券交易所决定暂停其股票上市交易: (一) 公司股本总额、股权分布等发生变化不再具备上市条件; (二) 公司不按照规定公开其财务状况，或者对财务会计报告作虚假记载，可能误导投资者; (三) 公司有重大违法行为; (四) 公司最近三年连续亏损; (五) 证券交易所上市规则规定的其他情形。	**第四十八条　上市交易的证券，有**证券交易所规定的**终止上市**情形的，由证券交易所**按照业务规则终止其上市交易。** 证券交易所决定终止证券上市交易的，应当及时公告，并报国务院证券监督管理机构备案。

2014 年修订	2019 年修订
（续） 第五十六条 上市公司有下列情形之一的，由证券交易所决定终止其股票上市交易： （一）公司股本总额、股权分布等发生变化不再具备上市条件，在证券交易所规定的期限内仍不能达到上市条件； （二）公司不按照规定公开其财务状况，或者对财务会计报告作虚假记载，且拒绝纠正； （三）公司最近三年连续亏损，在其后一个年度内未能恢复盈利； （四）公司解散或者被宣告破产； （五）证券交易所上市规则规定的其他情形。 第六十条 公司债券上市交易后，公司有下列情形之一的，由证券交易所决定暂停其公司债券上市交易： （一）公司有重大违法行为； （二）公司情况发生重大变化不符合公司债券上市条件； （三）发行公司债券所募集的资金不按照核准的用途使用； （四）未按照公司债券募集办法履行义务； （五）公司最近二年连续亏损。 第六十一条 公司有前条第（一）项、第（四）项所列情形之一经查实后果严重的，或者有前条第（二）项、第（三）项、第（五）项所列情形之一，在限期内未能消除的，由证券交易所决定终止其公司债券上市交易。	

2014 年修订	2019 年修订
（续） 公司解散或者被宣告破产的，由证券交易所终止其公司债券上市交易。 第七十二条 证券交易所决定暂停或者终止证券上市交易的，应当及时公告，并报国务院证券监督管理机构备案。	
第六十二条 对证券交易所作出的不予上市、暂停上市、终止上市决定不服的，可以向证券交易所设立的复核机构申请复核。	第四十九条 对证券交易所作出的不予上市**交易**、终止上市**交易**决定不服的，可以向证券交易所设立的复核机构申请复核。
第三节 持续信息公开	（内容移至第五章）
第四节 **禁止的交易行为**	**第三节 禁止的交易行为**
第七十三条 禁止证券交易内幕信息的知情人和非法获取内幕信息的人利用内幕信息从事证券交易活动。	**第五十条** 禁止证券交易内幕信息的知情人和非法获取内幕信息的人利用内幕信息从事证券交易活动。
第七十四条 证券交易内幕信息的知情人包括： （一）发行人的董事、监事、高级管理人员； （二）持有公司百分之五以上股份的股东及其董事、监事、高级管理人员，公司的实际控制人及其董事、监事、高级管理人员； （三）发行人控股的公司及其董事、监事、高级管理人员； （四）由于所任公司职务可以获取公司有关内幕信息的人员； （五）证券监督管理机构工作人员	**第五十一条** 证券交易内幕信息的知情人包括： （一）发行人**及其董事**、监事、高级管理人员； （二）持有公司百分之五以上股份的股东及其董事、监事、高级管理人员，公司的实际控制人及其董事、监事、高级管理人员； （三）发行人控股**或者实际控制**的公司及其董事、监事、高级管理人员； （四）由于所任公司职务**或者因与公司业务往来**可以获取公司有关内幕信息的人员；

2014 年修订	2019 年修订
（续） 以及由于法定职责对证券的发行、交易进行管理的其他人员； （六）保荐人、承销的证券公司、证券交易所、证券登记结算机构、证券服务机构的有关人员； （七）国务院证券监督管理机构规定的其他人。	（续） （五）上市公司收购人或者重大资产交易方及其控股股东、实际控制人、董事、监事和高级管理人员； （六）因职务、工作可以获取内幕信息的证券交易场所、证券公司、证券登记结算机构、证券服务机构的有关人员； （七）因职责、工作可以获取内幕信息的证券监督管理机构工作人员； （八）因法定职责对证券的发行、交易或者对上市公司及其收购、重大资产交易进行管理可以获取内幕信息的有关主管部门、监管机构的工作人员； （九）国务院证券监督管理机构规定的可以获取内幕信息的其他人员。
第七十五条 证券交易活动中，涉及公司的经营、财务或者对该公司证券的市场价格有重大影响的尚未公开的信息，为内幕信息。 下列信息皆属内幕信息： （一）本法第六十七条第二款所列重大事件； （二）公司分配股利或者增资的计划； （三）公司股权结构的重大变化； （四）公司债务担保的重大变更； （五）公司营业用主要资产的抵押、出售或者报废一次超过该资产的百分之三十； （六）公司的董事、监事、高级管理人员的行为可能依法承担重大损害赔偿责任；	第五十二条 证券交易活动中，涉及发行人的经营、财务或者对该发行人证券的市场价格有重大影响的尚未公开的信息，为内幕信息。 本法第八十条第二款、第八十一条第二款所列重大事件属于内幕信息。

2014 年修订	2019 年修订
（续） （七）上市公司收购的有关方案； （八）国务院证券监督管理机构认定的对证券交易价格有显著影响的其他重要信息。	
第七十六条　证券交易内幕信息的知情人和非法获取内幕信息的人，在内幕信息公开前，不得买卖该公司的证券，或者泄露该信息，或者建议他人买卖该证券。 持有或者通过协议、其他安排与他人共同持有公司百分之五以上股份的自然人、法人、其他组织收购上市公司的股份，本法另有规定的，适用其规定。 内幕交易行为给投资者造成损失的，行为人应当依法承担赔偿责任。	**第五十三条**　证券交易内幕信息的知情人和非法获取内幕信息的人，在内幕信息公开前，不得买卖该公司的证券，或者泄露该信息，或者建议他人买卖该证券。 持有或者通过协议、其他安排与他人共同持有公司百分之五以上股份的自然人、法人、**非法人**组织收购上市公司的股份，本法另有规定的，适用其规定。 内幕交易行为给投资者造成损失的，应当依法承担赔偿责任。
	第五十四条　禁止证券交易场所、证券公司、证券登记结算机构、证券服务机构和其他金融机构的从业人员、有关监管部门或者行业协会的工作人员，利用因职务便利获取的内幕信息以外的其他未公开的信息，违反规定，从事与该信息相关的证券交易活动，或者明示、暗示他人从事相关交易活动。 利用未公开信息进行交易给投资者造成损失的，应当依法承担赔偿责任。

2014 年修订	2019 年修订
第七十七条 禁止任何人以下列手段操纵证券市场： （一）单独或者通过合谋，集中资金优势、持股优势或者利用信息优势联合或者连续买卖，操纵证券交易价格或者证券交易量； （二）与他人串通，以事先约定的时间、价格和方式相互进行证券交易，影响证券交易价格或者证券交易量； （三）在自己实际控制的账户之间进行证券交易，影响证券交易价格或者证券交易量； （四）以其他手段操纵证券市场。 操纵证券市场行为给投资者造成损失的，行为人应当依法承担赔偿责任。	第五十五条 禁止任何人以下列手段操纵证券市场，影响或者意图影响证券交易价格或者证券交易量： （一）单独或者通过合谋，集中资金优势、持股优势或者利用信息优势联合或者连续买卖； （二）与他人串通，以事先约定的时间、价格和方式相互进行证券交易； （三）在自己实际控制的账户之间进行证券交易； （四）不以成交为目的，频繁或者大量申报并撤销申报； （五）利用虚假或者不确定的重大信息，诱导投资者进行证券交易； （六）对证券、发行人公开作出评价、预测或者投资建议，并进行反向证券交易； （七）利用在其他相关市场的活动操纵证券市场； （八）操纵证券市场的其他手段。 操纵证券市场行为给投资者造成损失的，应当依法承担赔偿责任。
第七十八条 禁止国家工作人员、传播媒介从业人员和有关人员编造、传播虚假信息，扰乱证券市场。 禁止证券交易所、证券公司、证券登记结算机构、证券服务机构及其从业人员，证券业协会、证券监督管理机构及其工作人员，在证券交易活动中作出虚假陈述或者信息误导。 各种传播媒介传播证券市场信息必须真实、客观，禁止误导。	第五十六条 禁止任何单位和个人编造、传播虚假信息或者误导性信息，扰乱证券市场。 禁止证券交易场所、证券公司、证券登记结算机构、证券服务机构及其从业人员，证券业协会、证券监督管理机构及其工作人员，在证券交易活动中作出虚假陈述或者信息误导。 各种传播媒介传播证券市场信息必须真实、客观，禁止误导。传播媒

2014 年修订	2019 年修订
	（续） 介及其从事证券市场信息报道的工作人员不得从事与其工作职责发生利益冲突的证券买卖。 编造、传播虚假信息或者误导性信息，扰乱证券市场，给投资者造成损失的，应当依法承担赔偿责任。
第七十九条 禁止证券公司及其从业人员从事下列损害客户利益的欺诈行为： （一）违背客户的委托为其买卖证券； （二）不在规定时间内向客户提供交易的书面确认文件； （三）挪用客户所委托买卖的证券或者客户账户上的资金； （四）未经客户的委托，擅自为客户买卖证券，或者假借客户的名义买卖证券； （五）为牟取佣金收入，诱使客户进行不必要的证券买卖； （六）利用传播媒介或者通过其他方式提供、传播虚假或者误导投资者的信息； （七）其他违背客户真实意思表示，损害客户利益的行为。 欺诈客户行为给客户造成损失的，行为人应当依法承担赔偿责任。	**第五十七条** 禁止证券公司及其从业人员从事下列损害客户利益的行为： （一）违背客户的委托为其买卖证券； （二）不在规定时间内向客户提供交易的确认文件； （三）未经客户的委托，擅自为客户买卖证券，或者假借客户的名义买卖证券； （四）为牟取佣金收入，诱使客户进行不必要的证券买卖； （五）其他违背客户真实意思表示，损害客户利益的行为。 违反前款规定给客户造成损失的，应当依法承担赔偿责任。
第八十条 禁止法人非法利用他人账户从事证券交易；禁止法人出借自己或者他人的证券账户。	**第五十八条** 任何单位和个人不得违反规定，出借自己的证券账户或者借用他人的证券账户从事证券交易。

2014 年修订	2019 年修订
第八十一条 依法拓宽资金入市渠道,禁止资金违规流入股市。	**第五十九条** 依法拓宽资金入市渠道，禁止资金违规流入股市。**禁止投资者违规利用财政资金、银行信贷资金买卖证券。**
第八十二条 禁止任何人挪用公款买卖证券。	
第八十三条 国有企业和国有资产控股的企业买卖上市交易的股票,必须遵守国家有关规定。	**第六十条** 国有**独资**企业、**国有独资公司**、国有**资本控股公司**买卖上市交易的股票，必须遵守国家有关规定。
第八十四条 证券交易所、证券公司、证券登记结算机构、证券服务机构及其从业人员对证券交易中发现的禁止的交易行为,应当及时向证券监督管理机构报告。	**第六十一条** 证券交易**场**所、证券公司、证券登记结算机构、证券服务机构及其从业人员对证券交易中发现的禁止的交易行为，应当及时向证券监督管理机构报告。
第四章 上市公司的收购	**第四章 上市公司的收购**
第八十五条 投资者可以采取要约收购、协议收购及其他合法方式收购上市公司。	**第六十二条** 投资者可以采取要约收购、协议收购及其他合法方式收购上市公司。
第八十六条 通过证券交易所的证券交易,投资者持有或者通过协议、其他安排与他人共同持有一个上市公司已发行的股份达到百分之五时,应当在该事实发生之日起三日内,向国务院证券监督管理机构、证券交易所作出书面报告,通知该上市公司,并予公告;在上述期限内,不得再行买卖该上市公司的股票。 投资者持有或者通过协议、其他安排与他人共同持有一个上市公司已	**第六十三条** 通过证券交易所的证券交易,投资者持有或者通过协议、其他安排与他人共同持有一个上市公司已发行的**有表决权股份达到百分之五时**,应当在该事实发生之日起三日内,向国务院证券监督管理机构、证券交易所作出书面报告,通知该上市公司,并予公告,在上述期限内不得再行买卖该上市公司的股票,**但国务院证券监督管理机构规定的情形除外。** 投资者持有或者通过协议、其他安

2014 年修订	2019 年修订
（续） 发行的股份达到百分之五后，其所持该上市公司已发行的股份比例每增加或者减少百分之五，应当依照前款规定进行报告和公告。在报告期限内和作出报告、公告后二日内，不得再行买卖该上市公司的股票。 第二百一十三条 收购人未按照本法规定履行上市公司收购的公告、发出收购要约等义务的，责令改正，给予警告，并处以十万元以上三十万元以下的罚款；在改正前，收购人对其收购或者通过协议、其他安排与他人共同收购的股份不得行使表决权。对直接负责的主管人员和其他直接责任人员给予警告，并处以三万元以上三十万元以下的罚款。	（续） 排与他人共同持有一个上市公司已发行的**有表决权股份**达到百分之五后，其所持该上市公司已发行的**有表决权股份**比例每增加或者减少百分之五，应当依照前款规定进行报告和公告，**在该事实发生之日起至公告后三日内，不得再行买卖该上市公司的股票，但国务院证券监督管理机构规定的情形除外。** 投资者持有或者通过协议、其他安排与他人共同持有一个上市公司已发行的**有表决权股份**达到百分之五后，其所持该上市公司已发行的**有表决权股份**比例每增加或者减少**百分之一，应当在该事实发生的次日通知该上市公司，并予公告。** **违反第一款、第二款规定买入上市公司有表决权的股份的，在买入后的三十六个月内，对该超过规定比例部分的股份不得行使表决权。**
第八十七条 依照前条规定所作的书面报告和公告，应当包括下列内容： （一）持股人的名称、住所； （二）持有的股票的名称、数额； （三）持股达到法定比例或者持股增减变化达到法定比例的日期。	第六十四条 依照前条规定所作的公告，应当包括下列内容： （一）持股人的名称、住所； （二）持有的股票的名称、数额； （三）持股达到法定比例或者持股增减变化达到法定比例的日期、**增持股份的资金来源；** （四）**在上市公司中拥有有表决权的股份变动的时间及方式。**

2014 年修订	2019 年修订
第八十八条 通过证券交易所的证券交易，投资者持有或者通过协议、其他安排与他人共同持有一个上市公司已发行的股份达到百分之三十时，继续进行收购的，应当依法向该上市公司所有股东发出收购上市公司全部或者部分股份的要约。 收购上市公司部分股份的收购要约应当约定，被收购公司股东承诺出售的股份数额超过预定收购的股份数额的，收购人按比例进行收购。	第六十五条 通过证券交易所的证券交易，投资者持有或者通过协议、其他安排与他人共同持有一个上市公司已发行的**有表决权**股份达到百分之三十时，继续进行收购的，应当依法向该上市公司所有股东发出收购上市公司全部或者部分股份的要约。 收购上市公司部分股份的要约应当约定，被收购公司股东承诺出售的股份数额超过预定收购的股份数额的，收购人按比例进行收购。
第八十九条 依照前条规定发出收购要约，收购人必须公告上市公司收购报告书，并载明下列事项： （一）收购人的名称、住所； （二）收购人关于收购的决定； （三）被收购的上市公司名称； （四）收购目的； （五）收购股份的详细名称和预定收购的股份数额； （六）收购期限、收购价格； （七）收购所需资金额及资金保证； （八）公告上市公司收购报告书时持有被收购公司股份数占该公司已发行的股份总数的比例。	第六十六条 依照前条规定发出收购要约，收购人必须公告上市公司收购报告书，并载明下列事项： （一）收购人的名称、住所； （二）收购人关于收购的决定； （三）被收购的上市公司名称； （四）收购目的； （五）收购股份的详细名称和预定收购的股份数额； （六）收购期限、收购价格； （七）收购所需资金额及资金保证； （八）公告上市公司收购报告书时持有被收购公司股份数占该公司已发行的股份总数的比例。
第九十条 收购要约约定的收购期限不得少于三十日，并不得超过六十日。	第六十七条 收购要约约定的收购期限不得少于三十日，并不得超过六十日。

2014 年修订	2019 年修订
第九十一条　在收购要约确定的承诺期限内，收购人不得撤销其收购要约。收购人需要变更收购要约的，必须及时公告，载明具体变更事项。	第六十八条　在收购要约确定的承诺期限内，收购人不得撤销其收购要约。收购人需要变更收购要约的，应当及时公告，载明具体变更事项，且不得存在下列情形： （一）降低收购价格； （二）减少预定收购股份数额； （三）缩短收购期限； （四）国务院证券监督管理机构规定的其他情形。
第九十二条　收购要约提出的各项收购条件，适用于被收购公司的所有股东。	第六十九条　收购要约提出的各项收购条件，适用于被收购公司的所有股东。 上市公司发行不同种类股份的，收购人可以针对不同种类股份提出不同的收购条件。
第九十三条　采取要约收购方式的，收购人在收购期限内，不得卖出被收购公司的股票，也不得采取要约规定以外的形式和超出要约的条件买入被收购公司的股票。	第七十条　采取要约收购方式的，收购人在收购期限内，不得卖出被收购公司的股票，也不得采取要约规定以外的形式和超出要约的条件买入被收购公司的股票。
第九十四条　采取协议收购方式的，收购人可以依照法律、行政法规的规定同被收购公司的股东以协议方式进行股份转让。 以协议方式收购上市公司时，达成协议后，收购人必须在三日内将该收购协议向国务院证券监督管理机构及证券交易所作出书面报告，并予公告。 在公告前不得履行收购协议。	第七十一条　采取协议收购方式的，收购人可以依照法律、行政法规的规定同被收购公司的股东以协议方式进行股份转让。 以协议方式收购上市公司时，达成协议后，收购人必须在三日内将该收购协议向国务院证券监督管理机构及证券交易所作出书面报告，并予公告。 在公告前不得履行收购协议。

2014 年修订	2019 年修订
第九十五条 采取协议收购方式的，协议双方可以临时委托证券登记结算机构保管协议转让的股票，并将资金存放于指定的银行。	第七十二条 采取协议收购方式的，协议双方可以临时委托证券登记结算机构保管协议转让的股票，并将资金存放于指定的银行。
第九十六条 采取协议收购方式的，收购人收购或者通过协议、其他安排与他人共同收购一个上市公司已发行的股份达到百分之三十时，继续进行收购的，应当向该上市公司所有股东发出收购上市公司全部或者部分股份的要约。但是，经国务院证券监督管理机构免除发出要约的除外。 收购人依照前款规定以要约方式收购上市公司股份，应当遵守本法第八十九条至第九十三条的规定。	第七十三条 采取协议收购方式的，收购人收购或者通过协议、其他安排与他人共同收购一个上市公司已发行的**有表决权**股份达到百分之三十时，继续进行收购的，应当**依法**向该上市公司所有股东发出收购上市公司全部或者部分股份的要约。但是，**按照国务院证券监督管理机构**的规定免除发出要约的除外。 收购人依照前款规定以要约方式收购上市公司股份，应当遵守本法第**六十五条第二款、第六十六条至第七十条**的规定。
第九十七条 收购期限届满，被收购公司股权分布不符合上市条件的，该上市公司的股票应当由证券交易所依法终止上市交易；其余仍持有被收购公司股票的股东，有权向收购人以收购要约的同等条件出售其股票，收购人应当收购。 收购行为完成后，被收购公司不再具备股份有限公司条件的，应当依法变更企业形式。	第七十四条 收购期限届满，被收购公司股权分布不符合**证券交易所规定的上市交易要求**的，该上市公司的股票应当由证券交易所依法终止上市交易；其余仍持有被收购公司股票的股东，有权向收购人以收购要约的同等条件出售其股票，收购人应当收购。 收购行为完成后，被收购公司不再具备股份有限公司条件的，应当依法变更企业形式。
第九十八条 在上市公司收购中，收购人持有的被收购的上市公司的股票，在收购行为完成后的十二个月内不得转让。	第七十五条 在上市公司收购中，收购人持有的被收购的上市公司的股票，在收购行为完成后的十八个月内不得转让。

2014 年修订	2019 年修订
第九十九条　收购行为完成后，收购人与被收购公司合并，并将该公司解散的，被解散公司的原有股票由收购人依法更换。 第一百条　收购行为完成后，收购人应当在十五日内将收购情况报告国务院证券监督管理机构和证券交易所，并予公告。	第七十六条　收购行为完成后，收购人与被收购公司合并，并将该公司解散的，被解散公司的原有股票由收购人依法更换。 收购行为完成后，收购人应当在十五日内将收购情况报告国务院证券监督管理机构和证券交易所，并予公告。
第一百零一条　收购上市公司中由国家授权投资的机构持有的股份，应当按照国务院的规定，经有关主管部门批准。 国务院证券监督管理机构应当依照本法的原则制定上市公司收购的具体办法。	第七十七条　国务院证券监督管理机构依照本法制定上市公司收购的具体办法。 上市公司分立或者被其他公司合并，应当向国务院证券监督管理机构报告，并予公告。
第三章第三节　持续信息公开	**第五章　信息披露**
第六十三条　发行人、上市公司依法披露的信息，必须真实、准确、完整，不得有虚假记载、误导性陈述或者重大遗漏。	第七十八条　发行人及法律、行政法规和国务院证券监督管理机构规定的其他信息披露义务人，应当及时依法履行信息披露义务。 信息披露义务人披露的信息，应当真实、准确、完整，简明清晰，通俗易懂，不得有虚假记载、误导性陈述或者重大遗漏。 证券同时在境内境外公开发行、交易的，其信息披露义务人在境外披露的信息，应当在境内同时披露。
第六十四条　经国务院证券监督管理机构核准依法公开发行股票，或者经国务院授权的部门核准依法公开发行公司债券，应当公告招股说明书、公司债券募集办法。依法公开发行新股或者公司债券的，还应当公告财务会计报告。	

2014 年修订	2019 年修订
第六十五条 上市公司和公司债券上市交易的公司，应当在每一会计年度的上半年结束之日起二个月内，向国务院证券监督管理机构和证券交易所报送记载以下内容的中期报告，并予公告： （一）公司财务会计报告和经营情况； （二）涉及公司的重大诉讼事项； （三）已发行的股票、公司债券变动情况； （四）提交股东大会审议的重要事项； （五）国务院证券监督管理机构规定的其他事项。 第六十六条 上市公司和公司债券上市交易的公司，应当在每一会计年度结束之日起四个月内，向国务院证券监督管理机构和证券交易所报送记载以下内容的年度报告，并予公告： （一）公司概况； （二）公司财务会计报告和经营情况； （三）董事、监事、高级管理人员简介及其持股情况； （四）已发行的股票、公司债券情况，包括持有公司股份最多的前十名股东的名单和持股数额； （五）公司的实际控制人； （六）国务院证券监督管理机构规定的其他事项。	第七十九条 上市公司、公司债券上市交易的公司、股票在国务院批准的其他全国性证券交易场所交易的公司，应当按照国务院证券监督管理机构和证券交易场所规定的内容和格式编制定期报告，并按照以下规定报送和公告： （一）在每一会计年度结束之日起四个月内，报送并公告年度报告，其中的年度财务会计报告应当经符合本法规定的会计师事务所审计； （二）在每一会计年度的上半年结束之日起二个月内，报送并公告中期报告。

2014 年修订	2019 年修订
第六十七条 发生可能对上市公司股票交易价格产生较大影响的重大事件，投资者尚未得知时，上市公司应当立即将有关该重大事件的情况向国务院证券监督管理机构和证券交易所报送临时报告，并予公告，说明事件的起因、目前的状态和可能产生的法律后果。 下列情况为前款所称重大事件： （一）公司的经营方针和经营范围的重大变化； （二）公司的重大投资行为和重大的购置财产的决定； （三）公司订立重要合同，可能对公司的资产、负债、权益和经营成果产生重要影响； （四）公司发生重大债务和未能清偿到期重大债务的违约情况； （五）公司发生重大亏损或者重大损失； （六）公司生产经营的外部条件发生的重大变化； （七）公司的董事、三分之一以上监事或者经理发生变动； （八）持有公司百分之五以上股份的股东或者实际控制人，其持有股份或者控制公司的情况发生较大变化； （九）公司减资、合并、分立、解散及申请破产的决定； （十）涉及公司的重大诉讼，股东大会、董事会决议被依法撤销或者宣告无效； （十一）公司涉嫌犯罪被司法机关立案调查，公司董事、监事、高级	第八十条 发生可能对上市公司、股票在国务院批准的其他全国性证券交易场所交易的公司的股票交易价格产生较大影响的重大事件，投资者尚未得知时，公司应当立即将有关该重大事件的情况向国务院证券监督管理机构和证券交易场所报送临时报告，并予公告，说明事件的起因、目前的状态和可能产生的法律后果。 前款所称重大事件包括： （一）公司的经营方针和经营范围的重大变化； （二）公司的重大投资行为，公司在一年内购买、出售重大资产超过公司资产总额百分之三十，或者公司营业用主要资产的抵押、质押、出售或者报废一次超过该资产的百分之三十； （三）公司订立重要合同、提供重大担保或者从事关联交易，可能对公司的资产、负债、权益和经营成果产生重要影响； （四）公司发生重大债务和未能清偿到期重大债务的违约情况； （五）公司发生重大亏损或者重大损失； （六）公司生产经营的外部条件发生的重大变化； （七）公司的董事、三分之一以上监事或者经理发生变动，董事长或者经理无法履行职责； （八）持有公司百分之五以上股份的股东或者实际控制人持有股份或

2014 年修订	2019 年修订
（续） 管理人员涉嫌犯罪被司法机关采取强制措施； （十二）国务院证券监督管理机构规定的其他事项。	（续） 者控制公司的情况发生较大变化，公司的实际控制人及其控制的其他企业从事与公司相同或者相似业务的情况发生较大变化； （九）公司分配股利、增资的计划，公司股权结构的重要变化，公司减资、合并、分立、解散及申请破产的决定，或者依法进入破产程序、被责令关闭； （十）涉及公司的重大诉讼、仲裁，股东大会、董事会决议被依法撤销或者宣告无效； （十一）公司涉嫌犯罪被依法立案调查，公司的控股股东、实际控制人、董事、监事、高级管理人员涉嫌犯罪被依法采取强制措施； （十二）国务院证券监督管理机构规定的其他事项。 公司的控股股东或者实际控制人对重大事件的发生、进展产生较大影响的，应当及时将其知悉的有关情况书面告知公司，并配合公司履行信息披露义务。

2014 年修订	2019 年修订
	第八十一条 发生可能对上市交易公司债券的交易价格产生较大影响的重大事件，投资者尚未得知时，公司应当立即将有关该重大事件的情况向国务院证券监督管理机构和证券交易场所报送临时报告，并予公告，说明事件的起因、目前的状态和可能产生的法律后果。 前款所称重大事件包括： （一）公司股权结构或者生产经营状况发生重大变化； （二）公司债券信用评级发生变化； （三）公司重大资产抵押、质押、出售、转让、报废； （四）公司发生未能清偿到期债务的情况； （五）公司新增借款或者对外提供担保超过上年末净资产的百分之二十； （六）公司放弃债权或者财产超过上年末净资产的百分之十； （七）公司发生超过上年末净资产百分之十的重大损失； （八）公司分配股利，作出减资、合并、分立、解散及申请破产的决定，或者依法进入破产程序、被责令关闭； （九）涉及公司的重大诉讼、仲裁； （十）公司涉嫌犯罪被依法立案调查，公司的控股股东、实际控制人、董事、监事、高级管理人员涉嫌犯罪被依法采取强制措施； （十一）国务院证券监督管理机构规定的其他事项。

2014 年修订	2019 年修订
第六十八条 上市公司董事、高级管理人员应当对公司定期报告签署书面确认意见。 上市公司监事会应当对董事会编制的公司定期报告进行审核并提出书面审核意见。 上市公司董事、监事、高级管理人员应当保证上市公司所披露的信息真实、准确、完整。	第八十二条 发行人的董事、高级管理人员应当对证券发行文件和定期报告签署书面确认意见。 发行人的监事会应当对董事会编制的证券发行文件和定期报告进行审核并提出书面审核意见。监事应当签署书面确认意见。 发行人的董事、监事和高级管理人员应当保证发行人及时、公平地披露信息，所披露的信息真实、准确、完整。 董事、监事和高级管理人员无法保证证券发行文件和定期报告内容的真实性、准确性、完整性或者有异议的，应当在书面确认意见中发表意见并陈述理由，发行人应当披露。发行人不予披露的，董事、监事和高级管理人员可以直接申请披露。
第七十一条第二款 证券监督管理机构、证券交易所、保荐人、承销的证券公司及有关人员，对公司依照法律、行政法规规定必须作出的公告，在公告前不得泄露其内容。	第八十三条 信息披露义务人披露的信息应当同时向所有投资者披露，不得提前向任何单位和个人泄露。但是，法律、行政法规另有规定的除外。 任何单位和个人不得非法要求信息披露义务人提供依法需要披露但尚未披露的信息。任何单位和个人提前获知的前述信息，在依法披露前应当保密。

2014 年修订	2019 年修订
	第八十四条　除依法需要披露的信息之外，信息披露义务人可以自愿披露与投资者作出价值判断和投资决策有关的信息，但不得与依法披露的信息相冲突，不得误导投资者。发行人及其控股股东、实际控制人、董事、监事、高级管理人员等作出公开承诺的，应当披露。不履行承诺给投资者造成损失的，应当依法承担赔偿责任。
第六十九条　发行人、上市公司公告的招股说明书、公司债券募集办法、财务会计报告、上市报告文件、年度报告、中期报告、临时报告以及其他信息披露资料，有虚假记载、误导性陈述或者重大遗漏，致使投资者在证券交易中遭受损失的，发行人、上市公司应当承担赔偿责任；发行人、上市公司的董事、监事、高级管理人员和其他直接责任人员以及保荐人、承销的证券公司，应当与发行人、上市公司承担连带赔偿责任，但是能够证明自己没有过错的除外；发行人、上市公司的控股股东、实际控制人有过错的，应当与发行人、上市公司承担连带赔偿责任。	第八十五条　信息披露义务人未按照规定披露信息，或者公告的证券发行文件、定期报告、临时报告及其他信息披露资料存在虚假记载、误导性陈述或者重大遗漏，致使投资者在证券交易中遭受损失的，信息披露义务人应当承担赔偿责任；发行人的控股股东、实际控制人、董事、监事、高级管理人员和其他直接责任人员以及保荐人、承销的证券公司及其直接责任人员，应当与发行人承担连带赔偿责任，但是能够证明自己没有过错的除外。
第七十条　依法必须披露的信息，应当在国务院证券监督管理机构指定的媒体发布，同时将其置备于公司住所、证券交易所，供社会公众查阅。	第八十六条　依法披露的信息，应当在证券交易场所的网站和符合国务院证券监督管理机构规定条件的媒体发布，同时将其置备于公司住所、证券交易场所，供社会公众查阅。

2014 年修订	2019 年修订
第七十一条第一款 国务院证券监督管理机构对上市公司年度报告、中期报告、临时报告以及公告的情况进行监督，对上市公司分派或者配售新股的情况进行监督，对上市公司控股股东和信息披露义务人的行为进行监督。 第一百一十五条第二款 证券交易所应当对上市公司及相关信息披露义务人披露信息进行监督，督促其依法及时、准确地披露信息。	第八十七条 国务院证券监督管理机构对信息披露义务人的信息披露行为进行监督管理。 证券交易场所应当对其组织交易的证券的信息披露义务人的信息披露行为进行监督，督促其依法及时、准确地披露信息。
	第六章 投资者保护
	第八十八条 证券公司向投资者销售证券、提供服务时，应当按照规定充分了解投资者的基本情况、财产状况、金融资产状况、投资知识和经验、专业能力等相关信息；如实说明证券、服务的重要内容，充分揭示投资风险；销售、提供与投资者上述状况相匹配的证券、服务。 投资者在购买证券或者接受服务时，应当按照证券公司明示的要求提供前款所列真实信息。拒绝提供或者未按照要求提供信息的，证券公司应当告知其后果，并按照规定拒绝向其销售证券、提供服务。 证券公司违反第一款规定导致投资者损失的，应当承担相应的赔偿责任。

2014 年修订	2019 年修订
	第八十九条　根据财产状况、金融资产状况、投资知识和经验、专业能力等因素，投资者可以分为普通投资者和专业投资者。专业投资者的标准由国务院证券监督管理机构规定。 普通投资者与证券公司发生纠纷的，证券公司应当证明其行为符合法律、行政法规以及国务院证券监督管理机构的规定，不存在误导、欺诈等情形。证券公司不能证明的，应当承担相应的赔偿责任。
	第九十条　上市公司董事会、独立董事、持有百分之一以上有表决权股份的股东或者依照法律、行政法规或者国务院证券监督管理机构的规定设立的投资者保护机构（以下简称投资者保护机构），可以作为征集人，自行或者委托证券公司、证券服务机构，公开请求上市公司股东委托其代为出席股东大会，并代为行使提案权、表决权等股东权利。 依照前款规定征集股东权利的，征集人应当披露征集文件，上市公司应当予以配合。 禁止以有偿或者变相有偿的方式公开征集股东权利。 公开征集股东权利违反法律、行政法规或者国务院证券监督管理机构有关规定，导致上市公司或者其股东遭受损失的，应当依法承担损害赔偿责任。

2014 年修订	2019 年修订
	第九十一条 上市公司应当在章程中明确分配现金股利的具体安排和决策程序,依法保障股东的资产收益权。 上市公司当年税后利润,在弥补亏损及提取法定公积金后有盈余的,应当按照公司章程的规定分配现金股利。
	第九十二条 公开发行公司债券的,应当设立债券持有人会议,并应当在募集说明书中说明债券持有人会议的召集程序、会议规则和其他重要事项。 公开发行公司债券的,发行人应当为债券持有人聘请债券受托管理人,并订立债券受托管理协议。受托管理人应当由本次发行的承销机构或者其他经国务院证券监督管理机构认可的机构担任,债券持有人会议可以决议变更债券受托管理人。债券受托管理人应当勤勉尽责,公正履行受托管理职责,不得损害债券持有人利益。 债券发行人未能按期兑付债券本息的,债券受托管理人可以接受全部或者部分债券持有人的委托,以自己名义代表债券持有人提起、参加民事诉讼或者清算程序。

2014 年修订	2019 年修订
	第九十三条　发行人因欺诈发行、虚假陈述或者其他重大违法行为给投资者造成损失的，发行人的控股股东、实际控制人、相关的证券公司可以委托投资者保护机构，就赔偿事宜与受到损失的投资者达成协议，予以先行赔付。先行赔付后，可以依法向发行人以及其他连带责任人追偿。
	第九十四条　投资者与发行人、证券公司等发生纠纷的，双方可以向投资者保护机构申请调解。普通投资者与证券公司发生证券业务纠纷，普通投资者提出调解请求的，证券公司不得拒绝。 投资者保护机构对损害投资者利益的行为，可以依法支持投资者向人民法院提起诉讼。 发行人的董事、监事、高级管理人员执行公司职务时违反法律、行政法规或者公司章程的规定给公司造成损失，发行人的控股股东、实际控制人等侵犯公司合法权益给公司造成损失，投资者保护机构持有该公司股份的，可以为公司的利益以自己的名义向人民法院提起诉讼，持股比例和持股期限不受《中华人民共和国公司法》规定的限制。

2014 年修订	2019 年修订
	第九十五条 投资者提起虚假陈述等证券民事赔偿诉讼时，诉讼标的是同一种类，且当事人一方人数众多的，可以依法推选代表人进行诉讼。 对按照前款规定提起的诉讼，可能存在有相同诉讼请求的其他众多投资者的，人民法院可以发出公告，说明该诉讼请求的案件情况，通知投资者在一定期间向人民法院登记。人民法院作出的判决、裁定，对参加登记的投资者发生效力。 投资者保护机构受五十名以上投资者委托，可以作为代表人参加诉讼，并为经证券登记结算机构确认的权利人依照前款规定向人民法院登记，但投资者明确表示不愿意参加该诉讼的除外。
第五章 证券交易所	第七章 证券交易场所
第一百零二条 证券交易所是为证券集中交易提供场所和设施，组织和监督证券交易，实行自律管理的法人。 证券交易所的设立和解散，由国务院决定。	第九十六条 证券交易所、国务院批准的其他全国性证券交易场所为证券集中交易提供场所和设施，组织和监督证券交易，实行自律管理，依法登记，取得法人资格。 证券交易所、国务院批准的其他全国性证券交易场所的设立、变更和解散由国务院决定。 国务院批准的其他全国性证券交易场所的组织机构、管理办法，由国务院规定。

2014 年修订	2019 年修订
	第九十七条　证券交易所、国务院批准的其他全国性证券交易场所可以根据证券品种、行业特点、公司规模等因素设立不同的市场层次。
	第九十八条　按照国务院规定设立的区域性股权市场为非公开发行证券的发行、转让提供场所和设施，具体管理办法由国务院规定。
第一百零三条　设立证券交易所必须制定章程。 证券交易所章程的制定和修改，必须经国务院证券监督管理机构批准。	第九十九条　证券交易所履行自律管理职能，应当遵守社会公共利益优先原则，维护市场的公平、有序、透明。 设立证券交易所必须制定章程。证券交易所章程的制定和修改，必须经国务院证券监督管理机构批准。
第一百零四条　证券交易所必须在其名称中标明证券交易所字样。其他任何单位或者个人不得使用证券交易所或者近似的名称。	第一百条　证券交易所必须在其名称中标明证券交易所字样。其他任何单位或者个人不得使用证券交易所或者近似的名称。
第一百零五条　证券交易所可以自行支配的各项费用收入，应当首先用于保证其证券交易场所和设施的正常运行并逐步改善。 实行会员制的证券交易所的财产积累归会员所有，其权益由会员共同享有，在其存续期间，不得将其财产积累分配给会员。	第一百零一条　证券交易所可以自行支配的各项费用收入，应当首先用于保证其证券交易场所和设施的正常运行并逐步改善。 实行会员制的证券交易所的财产积累归会员所有，其权益由会员共同享有，在其存续期间，不得将其财产积累分配给会员。

2014 年修订	2019 年修订
第一百零六条 证券交易所设理事会。 第一百零七条 证券交易所设总经理一人，由国务院证券监督管理机构任免。	**第一百零二条 实行会员制的证券交易所设理事会、监事会。** 证券交易所设总经理一人，由国务院证券监督管理机构任免。
第一百零八条 有《中华人民共和国公司法》第一百四十六条规定的情形或者下列情形之一的，不得担任证券交易所的负责人： （一）因违法行为或者违纪行为被解除职务的证券交易所、证券登记结算机构的负责人或者证券公司的董事、监事、高级管理人员，自被解除职务之日起未逾五年； （二）因违法行为或者违纪行为被撤销资格的律师、注册会计师或者投资咨询机构、财务顾问机构、资信评级机构、资产评估机构、验证机构的专业人员，自被撤销资格之日起未逾五年。	**第一百零三条** 有《中华人民共和国公司法》第一百四十六条规定的情形或者下列情形之一的，不得担任证券交易所的负责人： （一）因违法行为或者违纪行为被解除职务的证券交易**场**所、证券登记结算机构的负责人或者证券公司的董事、监事、高级管理人员，自被解除职务之日起未逾五年； （二）因违法行为或者违纪行为被**吊销执业证书或者被取消资格**的律师、注册会计师或者**其他证券服务**机构的专业人员，自被**吊销执业证书或者被取消资格**之日起未逾五年。
第一百零九条 因违法行为或者违纪行为被开除的证券交易所、证券登记结算机构、证券服务机构、**证券公司**的从业人员和被开除的国家机关工作人员，不得招聘为证券交易所的从业人员。	**第一百零四条** 因违法行为或者违纪行为被开除的证券交易**场**所、**证券公司**、证券登记结算机构、证券服务机构的从业人员和被开除的国家机关工作人员，不得招聘为证券交易所的从业人员。
第一百一十条 进入证券交易所参与集中交易的，必须是证券交易所的会员。	**第一百零五条** 进入**实行会员制**的证券交易所参与集中交易的，必须是证券交易所的会员。**证券交易所不得允许非会员直接参与股票的集中交易。**

2014 年修订	2019 年修订
第一百一十一条　投资者应当与证券公司签订证券交易委托协议，并在证券公司开立证券交易账户，以书面、电话以及其他方式，委托该证券公司代其买卖证券。	**第一百零六条**　投资者应当与证券公司签订证券交易委托协议，并在证券公司**实名**开立账户，以书面、电话、**自助终端、网络**等方式，委托该证券公司代其买卖证券。
	第一百零七条　证券公司为投资者开立账户，应当按照规定对投资者提供的身份信息进行核对。 证券公司不得将投资者的账户提供给他人使用。 投资者应当使用实名开立的账户进行交易。
第一百一十二条　证券公司根据投资者的委托，按照证券交易规则提出交易申报，参与证券交易所场内的集中交易，并根据成交结果承担相应的清算交收责任；证券登记结算机构根据成交结果，按照清算交收规则，与证券公司进行证券和资金的清算交收，并为证券公司客户办理证券的登记过户手续。	**第一百零八条**　证券公司根据投资者的委托，按照证券交易规则提出交易申报，参与证券交易所场内的集中交易，并根据成交结果承担相应的清算交收责任。证券登记结算机构根据成交结果，按照清算交收规则，与证券公司进行证券和资金的清算交收，并为证券公司客户办理证券的登记过户手续。
第一百一十三条　证券交易所应当为组织公平的集中交易提供保障，公布证券交易即时行情，并按交易日制作证券市场行情表，予以公布。 未经证券交易所许可，任何单位和个人不得发布证券交易即时行情。	**第一百零九条**　证券交易所应当为组织公平的集中交易提供保障，**实时**公布证券交易即时行情，并按交易日制作证券市场行情表，予以公布。 **证券交易即时行情的权益由证券交易所依法享有。**未经证券交易所许可，任何单位和个人不得发布证券交易即时行情。

2014 年修订	2019 年修订
	第一百一十条 上市公司可以向证券交易所申请其上市交易股票的停牌或者复牌，但不得滥用停牌或者复牌损害投资者的合法权益。 证券交易所可以按照业务规则的规定，决定上市交易股票的停牌或者复牌。
第一百一十四条 因突发性事件而影响证券交易的正常进行时，证券交易所可以采取技术性停牌的措施；因不可抗力的突发性事件或者为维护证券交易的正常秩序，证券交易所可以决定临时停市。 证券交易所采取技术性停牌或者决定临时停市，必须及时报告国务院证券监督管理机构。	第一百一十一条 因不可抗力、意外事件、重大技术故障、重大人为差错等突发性事件而影响证券交易正常进行时，为维护证券交易正常秩序和市场公平，证券交易所可以按照业务规则采取技术性停牌、临时停市等处置措施，并应当及时向国务院证券监督管理机构报告。 因前款规定的突发性事件导致证券交易结果出现重大异常，按交易结果进行交收将对证券交易正常秩序和市场公平造成重大影响的，证券交易所按照业务规则可以采取取消交易、通知证券登记结算机构暂缓交收等措施，并应当及时向国务院证券监督管理机构报告并公告。 证券交易所对其依照本条规定采取措施造成的损失，不承担民事赔偿责任，但存在重大过错的除外。
第一百一十五条 证券交易所对证券交易实行实时监控，并按照国务院证券监督管理机构的要求，对异常的交易情况提出报告。 证券交易所应当对上市公司及相关信息披露义务人披露信息进行监督，督促其依法及时、准确地披露信息。	第一百一十二条 证券交易所对证券交易实行实时监控，并按照国务院证券监督管理机构的要求，对异常的交易情况提出报告。 证券交易所根据需要，可以按照业务规则对出现重大异常交易情况的证券账户的投资者限制交易，并及时报告国务院证券监督管理机构。

2014 年修订	2019 年修订
（续） 证券交易所根据需要，可以对出现重大异常交易情况的证券账户限制交易，并报国务院证券监督管理机构备案。	
	第一百一十三条　证券交易所应当加强对证券交易的风险监测，出现重大异常波动的，证券交易所可以按照业务规则采取限制交易、强制停牌等处置措施，并向国务院证券监督管理机构报告；严重影响证券市场稳定的，证券交易所可以按照业务规则采取临时停市等处置措施并公告。 证券交易所对其依照本条规定采取措施造成的损失，不承担民事赔偿责任，但存在重大过错的除外。
第一百一十六条　证券交易所应当从其收取的交易费用和会员费、席位费中提取一定比例的金额设立风险基金。风险基金由证券交易所理事会管理。 风险基金提取的具体比例和使用办法，由国务院证券监督管理机构会同国务院财政部门规定。 第一百一十七条　证券交易所应当将收存的风险基金存入开户银行专门账户，不得擅自使用。	第一百一十四条　证券交易所应当从其收取的交易费用和会员费、席位费中提取一定比例的金额设立风险基金。风险基金由证券交易所理事会管理。 风险基金提取的具体比例和使用办法，由国务院证券监督管理机构会同国务院财政部门规定。 证券交易所应当将收存的风险基金存入开户银行专门账户，不得擅自使用。

2014 年修订	2019 年修订
第一百一十八条 证券交易所依照证券法律、行政法规制定上市规则、交易规则、会员管理规则和其他有关规则，并报国务院证券监督管理机构批准。 第一百二十一条 在证券交易所内从事证券交易的人员，违反证券交易所有关交易规则的，由证券交易所给予纪律处分；对情节严重的，撤销其资格，禁止其入场进行证券交易。	第一百一十五条 证券交易所依照法律、行政法规和国务院证券监督管理机构的规定，制定上市规则、交易规则、会员管理规则和其他有关业务规则，并报国务院证券监督管理机构批准。 在证券交易所从事证券交易，应当遵守证券交易所依法制定的业务规则。违反业务规则的，由证券交易所给予纪律处分或者采取其他自律管理措施。
第一百一十九条 证券交易所的负责人和其他从业人员在执行与证券交易有关的职务时，与其本人或者其亲属有利害关系的，应当回避。	第一百一十六条 证券交易所的负责人和其他从业人员执行与证券交易有关的职务时，与其本人或者其亲属有利害关系的，应当回避。
第一百二十条 按照依法制定的交易规则进行的交易，不得改变其交易结果。对交易中违规交易者应负的民事责任不得免除；在违规交易中所获利益，依照有关规定处理。	第一百一十七条 按照依法制定的交易规则进行的交易，不得改变其交易结果，但本法第一百一十一条第二款规定的除外。对交易中违规交易者应负的民事责任不得免除；在违规交易中所获利益，依照有关规定处理。
第六章 证券公司	第八章 证券公司
第一百二十二条 设立证券公司，必须经国务院证券监督管理机构审查批准。未经国务院证券监督管理机构批准，任何单位和个人不得经营证券业务。 第一百二十三条 本法所称证券公司是指依照《中华人民共和国公司法》和本法规定设立的经营证券	第一百一十八条 设立证券公司，应当具备下列条件，并经国务院证券监督管理机构批准： （一）有符合法律、行政法规规定的公司章程； （二）主要股东及公司的实际控制人具有良好的财务状况和诚信记录，最近三年无重大违法违规记录；

2014 年修订	2019 年修订
（续） 业务的有限责任公司或者股份有限公司。 第一百二十四条 设立证券公司，应当具备下列条件： （一）有符合法律、行政法规规定的公司章程； （二）主要股东具有持续盈利能力，信誉良好，最近三年无重大违法违规记录，净资产不低于人民币二亿元； （三）有符合本法规定的注册资本； （四）董事、监事、高级管理人员具备任职资格，从业人员具有证券从业资格； （五）有完善的风险管理与内部控制制度； （六）有合格的经营场所和业务设施； （七）法律、行政法规规定的和经国务院批准的国务院证券监督管理机构规定的其他条件。	（续） （三）有符合本法规定的**公司注册资本**； （四）董事、监事、高级管理人员、从业人员**符合本法规定的条件**； （五）有完善的风险管理与内部控制制度； （六）有合格的经营场所、业务设施**和信息技术系统**； （七）法律、行政法规和经国务院批准的国务院证券监督管理机构规定的其他条件。 未经国务院证券监督管理机构批准，任何单位和个人不得**以证券公司名义开展证券业务活动**。
第一百二十八条 国务院证券监督管理机构应当自受理证券公司设立申请之日起六个月内，依照法定条件和法定程序并根据审慎监管原则进行审查，作出批准或者不予批准的决定，并通知申请人；不予批准的，应当说明理由。 证券公司设立申请获得批准的，申请人应当在规定的期限内向公司登记机关申请设立登记，领取营业执照。 证券公司应当自领取营业执照之日起十五日内，向国务院证券监督管	**第一百一十九条** 国务院证券监督管理机构应当自受理证券公司设立申请之日起六个月内，依照法定条件和法定程序并根据审慎监管原则进行审查，作出批准或者不予批准的决定，并通知申请人；不予批准的，应当说明理由。 证券公司设立申请获得批准的，申请人应当在规定的期限内向公司登记机关申请设立登记，领取营业执照。 证券公司应当自领取营业执照之日起十五日内，向国务院证券监督管

2014 年修订	2019 年修订
（续） 理机构申请经营证券业务许可证。未取得经营证券业务许可证，证券公司不得经营证券业务。	（续） 理机构申请经营证券业务许可证。未取得经营证券业务许可证，证券公司不得经营证券业务。
第一百二十五条 经国务院证券监督管理机构批准，证券公司可以经营下列部分或者全部业务： （一）证券经纪； （二）证券投资咨询； （三）与证券交易、证券投资活动有关的财务顾问； （四）证券承销与保荐； （五）证券自营； （六）证券资产管理； （七）其他证券业务。	第一百二十条 经国务院证券监督管理机构核准，取得经营证券业务许可证，证券公司可以经营下列部分或者全部证券业务： （一）证券经纪； （二）证券投资咨询； （三）与证券交易、证券投资活动有关的财务顾问； （四）证券承销与保荐； （五）证券融资融券； （六）证券做市交易； （七）证券自营； （八）其他证券业务。 国务院证券监督管理机构应当自受理前款规定事项申请之日起三个月内，依照法定条件和程序进行审查，作出核准或者不予核准的决定，并通知申请人；不予核准的，应当说明理由。 证券公司经营证券资产管理业务的，应当符合《中华人民共和国证券投资基金法》等法律、行政法规的规定。 除证券公司外，任何单位和个人不得从事证券承销、证券保荐、证券经纪和证券融资融券业务。 证券公司从事证券融资融券业务，应当采取措施，严格防范和控制风险，不得违反规定向客户出借资金或者证券。

2014 年修订	2019 年修订
第一百二十六条　证券公司必须在其名称中标明证券有限责任公司或者证券股份有限公司字样。	
第一百二十七条　证券公司经营本法第一百二十五条第（一）项至第（三）项业务的，注册资本最低限额为人民币五千万元；经营第（四）项至第（七）项业务之一的，注册资本最低限额为人民币一亿元；经营第（四）项至第（七）项业务中两项以上的，注册资本最低限额为人民币五亿元。证券公司的注册资本应当是实缴资本。 国务院证券监督管理机构根据审慎监管原则和各项业务的风险程度，可以调整注册资本最低限额，但不得少于前款规定的限额。	第一百二十一条　证券公司经营本法第一百二十条第一款第（一）项至第（三）项业务的，注册资本最低限额为人民币五千万元；经营第（四）项至第（八）项业务之一的，注册资本最低限额为人民币一亿元；经营第（四）项至第（八）项业务中两项以上的，注册资本最低限额为人民币五亿元。证券公司的注册资本应当是实缴资本。 国务院证券监督管理机构根据审慎监管原则和各项业务的风险程度，可以调整注册资本最低限额，但不得少于前款规定的限额。
第一百二十九条　证券公司设立、收购或者撤销分支机构，变更业务范围，增加注册资本且股权结构发生重大调整，减少注册资本，变更持有百分之五以上股权的股东、实际控制人，变更公司章程中的重要条款，合并、分立、停业、解散、破产，必须经国务院证券监督管理机构批准。 证券公司在境外设立、收购或者参股证券经营机构，必须经国务院证券监督管理机构批准。	第一百二十二条　证券公司变更证券业务范围，变更主要股东或者公司的实际控制人，合并、分立、停业、解散、破产，应当经国务院证券监督管理机构核准。

2014 年修订	2019 年修订
第一百三十条 国务院证券监督管理机构应当对证券公司的净资本、净资本与负债的比例、净资本与净资产的比例、净资本与自营、承销、资产管理等业务规模的比例，负债与净资产的比例，以及流动资产与流动负债的比例等风险控制指标作出规定。 证券公司不得为其股东或者股东的关联人提供融资或者担保。	第一百二十三条 国务院证券监督管理机构应当对证券公司净资本和其他风险控制指标作出规定。 证券公司除依照规定为其客户提供融资融券外，不得为其股东或者股东的关联人提供融资或者担保。
第一百三十一条 证券公司的董事、监事、高级管理人员，应当正直诚实，品行良好，熟悉证券法律、行政法规，具有履行职责所需的经营管理能力，并在任职前取得国务院证券监督管理机构核准的任职资格。 有《中华人民共和国公司法》第一百四十六条规定的情形或者下列情形之一的，不得担任证券公司的董事、监事、高级管理人员： （一）因违法行为或者违纪行为被解除职务的证券交易所、证券登记结算机构的负责人或者证券公司的董事、监事、高级管理人员，自被解除职务之日起未逾五年； （二）因违法行为或者违纪行为被撤销资格的律师、注册会计师或者投资咨询机构、财务顾问机构、资信评级机构、资产评估机构、验证机构的专业人员，自被撤销资格之日起未逾五年。	第一百二十四条 证券公司的董事、监事、高级管理人员，应当正直诚实、品行良好，熟悉证券法律、行政法规，具有履行职责所需的经营管理能力。证券公司任免董事、监事、高级管理人员，应当报国务院证券监督管理机构备案。 有《中华人民共和国公司法》第一百四十六条规定的情形或者下列情形之一的，不得担任证券公司的董事、监事、高级管理人员： （一）因违法行为或者违纪行为被解除职务的证券交易场所、证券登记结算机构的负责人或者证券公司的董事、监事、高级管理人员，自被解除职务之日起未逾五年； （二）因违法行为或者违纪行为被吊销执业证书或者被取消资格的律师、注册会计师或者其他证券服务机构的专业人员，自被吊销执业证书或者被取消资格之日起未逾五年。

2014 年修订	2019 年修订
第一百三十二条　因违法行为或者违纪行为被开除的证券交易所、证券登记结算机构、证券服务机构、证券公司的从业人员和被开除的国家机关工作人员，不得招聘为证券公司的从业人员。 第一百三十三条　国家机关工作人员和法律、行政法规规定的禁止在公司中兼职的其他人员，不得在证券公司中兼任职务。	第一百二十五条　证券公司从事证券业务的人员应当品行良好，具备从事证券业务所需的专业能力。 因违法行为或者违纪行为被开除的证券交易场所、证券公司、证券登记结算机构、证券服务机构的从业人员和被开除的国家机关工作人员，不得招聘为证券公司的从业人员。 国家机关工作人员和法律、行政法规规定的禁止在公司中兼职的其他人员，不得在证券公司中兼任职务。
第一百三十四条　国家设立证券投资者保护基金。证券投资者保护基金由证券公司缴纳的资金及其他依法筹集的资金组成，其筹集、管理和使用的具体办法由国务院规定。	第一百二十六条　国家设立证券投资者保护基金。证券投资者保护基金由证券公司缴纳的资金及其他依法筹集的资金组成，其规模以及筹集、管理和使用的具体办法由国务院规定。
第一百三十五条　证券公司从每年的税后利润中提取交易风险准备金，用于弥补证券交易的损失，其提取的具体比例由国务院证券监督管理机构规定。	第一百二十七条　证券公司从每年的业务收入中提取交易风险准备金，用于弥补证券经营的损失，其提取的具体比例由国务院证券监督管理机构会同国务院财政部门规定。
第一百三十六条　证券公司应当建立健全内部控制制度，采取有效隔离措施，防范公司与客户之间、不同客户之间的利益冲突。 证券公司必须将其证券经纪业务、证券承销业务、证券自营业务和证券资产管理业务分开办理，不得混合操作。	第一百二十八条　证券公司应当建立健全内部控制制度，采取有效隔离措施，防范公司与客户之间、不同客户之间的利益冲突。 证券公司必须将其证券经纪业务、证券承销业务、证券自营业务、证券做市业务和证券资产管理业务分开办理，不得混合操作。

2014 年修订	2019 年修订
第一百三十七条 证券公司的自营业务必须以自己的名义进行，不得假借他人名义或者以个人名义进行。证券公司的自营业务必须使用自有资金和依法筹集的资金。 证券公司不得将其自营账户借给他人使用。	第一百二十九条 证券公司的自营业务必须以自己的名义进行，不得假借他人名义或者以个人名义进行。证券公司的自营业务必须使用自有资金和依法筹集的资金。 证券公司不得将其自营账户借给他人使用。
第一百三十八条 证券公司依法享有自主经营的权利，其合法经营不受干涉。	第一百三十条 证券公司应当依法审慎经营，勤勉尽责，诚实守信。证券公司的业务活动，应当与其治理结构、内部控制、合规管理、风险管理以及风险控制指标、从业人员构成等情况相适应，符合审慎监管和保护投资者合法权益的要求。 证券公司依法享有自主经营的权利，其合法经营不受干涉。
第一百三十九条 证券公司客户的交易结算资金应当存放在商业银行，以每个客户的名义单独立户管理。具体办法和实施步骤由国务院规定。 证券公司不得将客户的交易结算资金和证券归入其自有财产。禁止任何单位或者个人以任何形式挪用客户的交易结算资金和证券。证券公司破产或者清算时，客户的交易结算资金和证券不属于其破产财产或者清算财产。非因客户本身的债务或者法律规定的其他情形，不得查封、冻结、扣划或者强制执行客户的交易结算资金和证券。	第一百三十一条 证券公司客户的交易结算资金应当存放在商业银行，以每个客户的名义单独立户管理。 证券公司不得将客户的交易结算资金和证券归入其自有财产。禁止任何单位或者个人以任何形式挪用客户的交易结算资金和证券。证券公司破产或者清算时，客户的交易结算资金和证券不属于其破产财产或者清算财产。非因客户本身的债务或者法律规定的其他情形，不得查封、冻结、扣划或者强制执行客户的交易结算资金和证券。

2014 年修订	2019 年修订
第一百四十条　证券公司办理经纪业务，应当置备统一制定的证券买卖委托书，供委托人使用。采取其他委托方式的，必须作出委托记录。 客户的证券买卖委托，不论是否成交，其委托记录应当按照规定的期限，保存于证券公司。	第一百三十二条　证券公司办理经纪业务，应当置备统一制定的证券买卖委托书，供委托人使用。采取其他委托方式的，必须作出委托记录。 客户的证券买卖委托，不论是否成交，其委托记录应当按照规定的期限，保存于证券公司。
第一百四十一条　证券公司接受证券买卖的委托，应当根据委托书载明的证券名称、买卖数量、出价方式、价格幅度等，按照交易规则代理买卖证券，如实进行交易记录；买卖成交后，应当按照规定制作买卖成交报告单交付客户。 证券交易中确认交易行为及其交易结果的对账单必须真实，并由交易经办人员以外的审核人员逐笔审核，保证账面证券余额与实际持有的证券相一致。	第一百三十三条　证券公司接受证券买卖的委托，应当根据委托书载明的证券名称、买卖数量、出价方式、价格幅度等，按照交易规则代理买卖证券，如实进行交易记录；买卖成交后，应当按照规定制作买卖成交报告单交付客户。 证券交易中确认交易行为及其交易结果的对账单必须真实，保证账面证券余额与实际持有的证券相一致。
第一百四十二条　证券公司为客户买卖证券提供融资融券服务，应当按照国务院的规定并经国务院证券监督管理机构批准。	
第一百四十三条　证券公司办理经纪业务，不得接受客户的全权委托而决定证券买卖、选择证券种类、决定买卖数量或者买卖价格。	第一百三十四条　证券公司办理经纪业务，不得接受客户的全权委托而决定证券买卖、选择证券种类、决定买卖数量或者买卖价格。 证券公司不得允许他人以证券公司的名义直接参与证券的集中交易。

2014 年修订	2019 年修订
第一百四十四条 证券公司不得以任何方式对客户证券买卖的收益或者赔偿证券买卖的损失作出承诺。	第一百三十五条 证券公司不得对客户证券买卖的收益或者赔偿证券买卖的损失作出承诺。
第一百四十六条 证券公司的从业人员在证券交易活动中，执行所属的证券公司的指令或者利用职务违反交易规则的，由所属的证券公司承担全部责任。 第一百四十五条 证券公司及其从业人员不得未经过其依法设立的营业场所私下接受客户委托买卖证券。	第一百三十六条 证券公司的从业人员在证券交易活动中，执行所属的证券公司的指令或者利用职务违反交易规则的，由所属的证券公司承担全部责任。 证券公司的从业人员不得私下接受客户委托买卖证券。
第一百四十七条 证券公司应当妥善保存客户开户资料、委托记录、交易记录和与内部管理、业务经营有关的各项资料，任何人不得隐匿、伪造、篡改或者毁损。上述资料的保存期限不得少于二十年。	第一百三十七条 证券公司应当建立客户信息查询制度，确保客户能够查询其账户信息、委托记录、交易记录以及其他与接受服务或者购买产品有关的重要信息。 证券公司应当妥善保存客户开户资料、委托记录、交易记录和与内部管理、业务经营有关的各项信息，任何人不得隐匿、伪造、篡改或者毁损。上述信息的保存期限不得少于二十年。
第一百四十八条 证券公司应当按照规定向国务院证券监督管理机构报送业务、财务等经营管理信息和资料。国务院证券监督管理机构有权要求证券公司及其股东、实际控制人在指定的期限内提供有关信息、资料。 证券公司及其股东、实际控制人向国务院证券监督管理机构报送或者提供的信息、资料，必须真实、准确、完整。	第一百三十八条 证券公司应当按照规定向国务院证券监督管理机构报送业务、财务等经营管理信息和资料。国务院证券监督管理机构有权要求证券公司及其主要股东、实际控制人在指定的期限内提供有关信息、资料。 证券公司及其主要股东、实际控制人向国务院证券监督管理机构报送或者提供的信息、资料，必须真实、准确、完整。

2014 年修订	2019 年修订
第一百四十九条 国务院证券监督管理机构认为有必要时，可以委托会计师事务所、资产评估机构对证券公司的财务状况、内部控制状况、资产价值进行审计或者评估。具体办法由国务院证券监督管理机构会同有关主管部门制定。	**第一百三十九条** 国务院证券监督管理机构认为有必要时，可以委托会计师事务所、资产评估机构对证券公司的财务状况、内部控制状况、资产价值进行审计或者评估。具体办法由国务院证券监督管理机构会同有关主管部门制定。
第一百五十条 证券公司的**净资本或者其他**风险控制指标不符合规定的，国务院证券监督管理机构应当责令其限期改正；逾期未改正，或者其行为严重危及该证券公司的稳健运行、损害客户合法权益的，国务院证券监督管理机构可以区别情形，对其采取下列措施： （一）限制业务活动，责令暂停部分业务，停止批准新业务； （二）停止批准增设、收购营业性分支机构； （三）限制分配红利，限制向董事、监事、高级管理人员支付报酬、提供福利； （四）限制转让财产或者在财产上设定其他权利； （五）责令更换董事、监事、高级管理人员或者限制其权利； （六）责令控股股东转让股权或者限制有关股东行使股东权利； （七）撤销有关业务许可。 证券公司整改后，应当向国务院证券监督管理机构提交报告。国务院证券监督管理机构经验收，符合有关风险控制指标的，应当自验收完	**第一百四十条** 证券公司的**治理结构、合规管理**、风险控制指标不符合规定的，国务院证券监督管理机构应当责令其限期改正；逾期未改正，或者其行为严重危及该证券公司的稳健运行、损害客户合法权益的，国务院证券监督管理机构可以区别情形，对其采取下列措施： （一）限制业务活动，责令暂停部分业务，停止批准新业务； （二）限制分配红利，限制向董事、监事、高级管理人员支付报酬、提供福利； （三）限制转让财产或者在财产上设定其他权利； （四）责令更换董事、监事、高级管理人员或者限制其权利； （五）撤销有关业务许可； （六）**认定负有责任的董事、监事、高级管理人员为不适当人选；** （七）责令**负有责任的股东转让股权，限制负有责任的股东行使股东权利。** 证券公司整改后，应当向国务院证券监督管理机构提交报告。国务院证券监督管理机构经验收，**治理结**

2014 年修订	2019 年修订
（续） 毕之日起三日内解除对其采取的前款规定的有关措施。	（续） **构**、**合规管理**、风险控制指标**符合规定**的，应当自验收完毕之日起三日内解除对其采取的前款规定的有关**限制**措施。
第一百五十一条 证券公司的股东有虚假出资、抽逃出资行为的，国务院证券监督管理机构应当责令其限期改正，并可责令其转让所持证券公司的股权。 在前款规定的股东按照要求改正违法行为、转让所持证券公司的股权前，国务院证券监督管理机构可以限制其股东权利。	**第一百四十一条** 证券公司的股东有虚假出资、抽逃出资行为的，国务院证券监督管理机构应当责令其限期改正，并可责令其转让所持证券公司的股权。 在前款规定的股东按照要求改正违法行为、转让所持证券公司的股权前，国务院证券监督管理机构可以限制其股东权利。
第一百五十二条 证券公司的董事、监事、高级管理人员未能勤勉尽责，致使证券公司存在重大违法违规行为或者重大风险的，国务院证券监督管理机构可以撤销其任职资格，并责令公司予以更换。	**第一百四十二条** 证券公司的董事、监事、高级管理人员未能勤勉尽责，致使证券公司存在重大违法违规行为或者重大风险的，国务院证券监督管理机构可以责令**证券**公司予以更换。
第一百五十三条 证券公司违法经营或者出现重大风险，严重危害证券市场秩序、损害投资者利益的，国务院证券监督管理机构可以对该证券公司采取责令停业整顿、指定其他机构托管、接管或者撤销等监管措施。	**第一百四十三条** 证券公司违法经营或者出现重大风险，严重危害证券市场秩序、损害投资者利益的，国务院证券监督管理机构可以对该证券公司采取责令停业整顿、指定其他机构托管、接管或者撤销等监管措施。

2014 年修订	2019 年修订
第一百五十四条　在证券公司被责令停业整顿、被依法指定托管、接管或者清算期间，或者出现重大风险时，经国务院证券监督管理机构批准，可以对该证券公司直接负责的董事、监事、高级管理人员和其他直接责任人员采取以下措施： （一）通知出境管理机关依法阻止其出境； （二）申请司法机关禁止其转移、转让或者以其他方式处分财产，或者在财产上设定其他权利。	第一百四十四条　在证券公司被责令停业整顿、被依法指定托管、接管或者清算期间，或者出现重大风险时，经国务院证券监督管理机构批准，可以对该证券公司直接负责的董事、监事、高级管理人员和其他直接责任人员采取以下措施： （一）通知出境**入境**管理机关依法阻止其出境； （二）申请司法机关禁止其转移、转让或者以其他方式处分财产，或者在财产上设定其他权利。
第七章　证券登记结算机构	**第九章　证券登记结算机构**
第一百五十五条　证券登记结算机构是为证券交易提供集中登记、存管与结算服务，不以营利为目的的法人。 设立证券登记结算机构必须经国务院证券监督管理机构批准。	第一百四十五条　证券登记结算机构为证券交易提供集中登记、存管与结算服务，不以营利为目的，**依法登记，取得法人资格**。 设立证券登记结算机构必须经国务院证券监督管理机构批准。
第一百五十六条　设立证券登记结算机构，应当具备下列条件： （一）自有资金不少于人民币二亿元； （二）具有证券登记、存管和结算服务所必须的场所和设施； （三）主要管理人员和从业人员必须具有证券从业资格； （四）国务院证券监督管理机构规定的其他条件。 证券登记结算机构的名称中应当标明证券登记结算字样。	第一百四十六条　设立证券登记结算机构，应当具备下列条件： （一）自有资金不少于人民币二亿元； （二）具有证券登记、存管和结算服务所必须的场所和设施； **（三）**国务院证券监督管理机构规定的其他条件。 证券登记结算机构的名称中应当标明证券登记结算字样。

2014 年修订	2019 年修订
第一百五十七条 证券登记结算机构履行下列职能： （一）证券账户、结算账户的设立； （二）证券的存管和过户； （三）证券持有人名册登记； （四）证券交易所上市证券交易的清算和交收； （五）受发行人的委托派发证券权益； （六）办理与上述业务有关的查询； （七）国务院证券监督管理机构批准的其他业务。	第一百四十七条 证券登记结算机构履行下列职能： （一）证券账户、结算账户的设立； （二）证券的存管和过户； （三）证券持有人名册登记； （四）证券交易的清算和交收； （五）受发行人的委托派发证券权益； （六）办理与上述业务有关的查询、信息服务； （七）国务院证券监督管理机构批准的其他业务。
第一百五十八条 证券登记结算采取全国集中统一的运营方式。 证券登记结算机构章程、业务规则应当依法制定，并经国务院证券监督管理机构批准。	第一百四十八条 在证券交易所和国务院批准的其他全国性证券交易场所交易的证券的登记结算，应当采取全国集中统一的运营方式。 前款规定以外的证券，其登记、结算可以委托证券登记结算机构或者其他依法从事证券登记、结算业务的机构办理。 第一百四十九条 证券登记结算机构应当依法制定章程和业务规则，并经国务院证券监督管理机构批准。证券登记结算业务参与人应当遵守证券登记结算机构制定的业务规则。
第一百五十九条 证券持有人持有的证券，在上市交易时，应当全部存管在证券登记结算机构。 证券登记结算机构不得挪用客户的证券。	第一百五十条 在证券交易所或者国务院批准的其他全国性证券交易场所交易的证券，应当全部存管在证券登记结算机构。 证券登记结算机构不得挪用客户的证券。

2014 年修订	2019 年修订
第一百六十条　证券登记结算机构应当向证券发行人提供证券持有人名册及其有关资料。 证券登记结算机构应当根据证券登记结算的结果，确认证券持有人持有证券的事实，提供证券持有人登记资料。 证券登记结算机构应当保证证券持有人名册和登记过户记录真实、准确、完整，不得隐匿、伪造、篡改或者毁损。	第一百五十一条　证券登记结算机构应当向证券发行人提供证券持有人名册及其有关资料。 证券登记结算机构应当根据证券登记结算的结果，确认证券持有人持有证券的事实，提供证券持有人登记资料。 证券登记结算机构应当保证证券持有人名册和登记过户记录真实、准确、完整，不得隐匿、伪造、篡改或者毁损。
第一百六十一条　证券登记结算机构应当采取下列措施保证业务的正常进行： （一）具有必备的服务设备和完善的数据安全保护措施； （二）建立完善的业务、财务和安全防范等管理制度； （三）建立完善的风险管理系统。	第一百五十二条　证券登记结算机构应当采取下列措施保证业务的正常进行： （一）具有必备的服务设备和完善的数据安全保护措施； （二）建立完善的业务、财务和安全防范等管理制度； （三）建立完善的风险管理系统。
第一百六十二条　证券登记结算机构应当妥善保存登记、存管和结算的原始凭证及有关文件和资料。其保存期限不得少于二十年。	第一百五十三条　证券登记结算机构应当妥善保存登记、存管和结算的原始凭证及有关文件和资料。其保存期限不得少于二十年。
第一百六十三条　证券登记结算机构应当设立证券结算风险基金，用于垫付或者弥补因违约交收、技术故障、操作失误、不可抗力造成的证券登记结算机构的损失。 证券结算风险基金从证券登记结算机构的业务收入和收益中提取，并可以由结算参与人按照证券交易业务量的一定比例缴纳。	第一百五十四条　证券登记结算机构应当设立证券结算风险基金，用于垫付或者弥补因违约交收、技术故障、操作失误、不可抗力造成的证券登记结算机构的损失。 证券结算风险基金从证券登记结算机构的业务收入和收益中提取，并可以由结算参与人按照证券交易业务量的一定比例缴纳。

2014 年修订	2019 年修订
（续） 证券结算风险基金的筹集、管理办法，由国务院证券监督管理机构会同国务院财政部门规定。	（续） 证券结算风险基金的筹集、管理办法，由国务院证券监督管理机构会同国务院财政部门规定。
第一百六十四条 证券结算风险基金应当存入指定银行的专门账户，实行专项管理。 证券登记结算机构以证券结算风险基金赔偿后，应当向有关责任人追偿。	**第一百五十五条** 证券结算风险基金应当存入指定银行的专门账户，实行专项管理。 证券登记结算机构以证券结算风险基金赔偿后，应当向有关责任人追偿。
第一百六十五条 证券登记结算机构申请解散，应当经国务院证券监督管理机构批准。	**第一百五十六条** 证券登记结算机构申请解散，应当经国务院证券监督管理机构批准。
第一百六十六条 投资者委托证券公司进行证券交易，应当申请开立证券账户。证券登记结算机构应当按照规定以投资者本人的名义为投资者开立证券账户。 投资者申请开立账户，必须持有证明中国公民身份或者中国法人资格的合法证件。国家另有规定的除外。	**第一百五十七条** 投资者委托证券公司进行证券交易，应当**通过证券公司**申请**在证券登记结算机构**开立证券账户。证券登记结算机构应当按照规定为投资者开立证券账户。 投资者申请开立账户，**应当**持有证明**中华人民共和国公民、法人、合伙企业身份**的合法证件。国家另有规定的除外。
第一百六十七条 证券登记结算机构为证券交易提供净额结算服务时，应当要求结算参与人按照货银对付的原则，足额交付证券和资金，并提供交收担保。 在交收完成之前，任何人不得动用用于交收的证券、资金和担保物。结算参与人未按时履行交收义务的，	**第一百五十八条** 证券登记结算机构**作为中央对手方提供证券结算服务的，是结算参与人共同的清算交收对手，进行净额结算，为证券交易提供集中履约保障。** 证券登记结算机构为证券交易提供净额结算服务时，应当要求结算参与人按照货银对付的原则，足额交

2014 年修订	2019 年修订
（续） 证券登记结算机构有权按照业务规则处理前款所述财产。	（续） 付证券和资金，并提供交收担保。在交收完成之前，任何人不得动用用于交收的证券、资金和担保物。结算参与人未按时履行交收义务的，证券登记结算机构有权按照业务规则处理前款所述财产。
第一百六十八条　证券登记结算机构按照业务规则收取的各类结算资金和证券，必须存放于专门的清算交收账户，只能按业务规则用于已成交的证券交易的清算交收，不得被强制执行。	第一百五十九条　证券登记结算机构按照业务规则收取的各类结算资金和证券，必须存放于专门的清算交收账户，只能按业务规则用于已成交的证券交易的清算交收，不得被强制执行。
第八章　证券服务机构	第十章　证券服务机构
第一百六十九条　投资咨询机构、财务顾问机构、资信评级机构、资产评估机构、会计师事务所从事证券服务业务，必须经国务院证券监督管理机构和有关主管部门批准。投资咨询机构、财务顾问机构、资信评级机构、资产评估机构、会计师事务所从事证券服务业务的审批管理办法，由国务院证券监督管理机构和有关主管部门制定。	第一百六十条　会计师事务所、律师事务所以及从事证券投资咨询、资产评估、资信评级、财务顾问、信息技术系统服务的证券服务机构，应当勤勉尽责、恪尽职守，按照相关业务规则为证券的交易及相关活动提供服务。 从事证券投资咨询服务业务，应当经国务院证券监督管理机构核准；未经核准，不得为证券的交易及相关活动提供服务。从事其他证券服务业务，应当报国务院证券监督管理机构和国务院有关主管部门备案。

2014 年修订	2019 年修订
第一百七十一条 投资咨询机构及其从业人员从事证券服务业务不得有下列行为： （一）代理委托人从事证券投资； （二）与委托人约定分享证券投资收益或者分担证券投资损失； （三）买卖本咨询机构提供服务的上市公司股票； （四）利用传播媒介或者通过其他方式提供、传播虚假或者误导投资者的信息； （五）法律、行政法规禁止的其他行为。 有前款所列行为之一，给投资者造成损失的，依法承担赔偿责任。	第一百六十一条 证券投资咨询机构及其从业人员从事证券服务业务不得有下列行为： （一）代理委托人从事证券投资； （二）与委托人约定分享证券投资收益或者分担证券投资损失； （三）买卖本证券投资咨询机构提供服务的证券； （四）法律、行政法规禁止的其他行为。 有前款所列行为之一，给投资者造成损失的，应当依法承担赔偿责任。
	第一百六十二条 证券服务机构应当妥善保存客户委托文件、核查和验证资料、工作底稿以及与质量控制、内部管理、业务经营有关的信息和资料，任何人不得泄露、隐匿、伪造、篡改或者毁损。上述信息和资料的保存期限不得少于十年，自业务委托结束之日起算。
第一百七十条 投资咨询机构、财务顾问机构、资信评级机构从事证券服务业务的人员，必须具备证券专业知识和从事证券业务或者证券服务业务二年以上经验。认定其证券从业资格的标准和管理办法，由国务院证券监督管理机构制定。	

2014 年修订	2019 年修订
第一百七十二条　从事证券服务业务的投资咨询机构和资信评级机构，应当按照国务院有关主管部门规定的标准或者收费办法收取服务费用。	
第一百七十三条　证券服务机构为证券的发行、上市、交易等证券业务活动制作、出具审计报告、资产评估报告、财务顾问报告、资信评级报告或者法律意见书等文件，应当勤勉尽责，对所依据的文件资料内容的真实性、准确性、完整性进行核查和验证。其制作、出具的文件有虚假记载、误导性陈述或者重大遗漏，给他人造成损失的，应当与发行人、上市公司承担连带赔偿责任，但是能够证明自己没有过错的除外。	**第一百六十三条**　证券服务机构为证券的发行、上市、交易等证券业务活动制作、出具审计报告**及其他鉴证报告**、资产评估报告、财务顾问报告、资信评级报告或者法律意见书等文件，应当勤勉尽责，对所依据的文件资料内容的真实性、准确性、完整性进行核查和验证。其制作、出具的文件有虚假记载、误导性陈述或者重大遗漏，给他人造成损失的，应当与**委托人**承担连带赔偿责任，但是能够证明自己没有过错的除外。
第九章　证券业协会	**第十一章　证券业协会**
第一百七十四条　证券业协会是证券业的自律性组织，是社会团体法人。 证券公司应当加入证券业协会。 证券业协会的权力机构为全体会员组成的会员大会。	**第一百六十四条**　证券业协会是证券业的自律性组织，是社会团体法人。 证券公司应当加入证券业协会。 证券业协会的权力机构为全体会员组成的会员大会。
第一百七十五条　证券业协会章程由会员大会制定，并报国务院证券监督管理机构备案。	**第一百六十五条**　证券业协会章程由会员大会制定，并报国务院证券监督管理机构备案。

2014 年修订	2019 年修订
第一百七十六条 证券业协会履行下列职责： （一）教育和组织会员遵守证券法律、行政法规； （二）依法维护会员的合法权益，向证券监督管理机构反映会员的建议和要求； （三）收集整理证券信息，为会员提供服务； （四）制定会员应遵守的规则，组织会员单位的从业人员的业务培训，开展会员间的业务交流； （五）对会员之间、会员与客户之间发生的证券业务纠纷进行调解； （六）组织会员就证券业的发展、运作及有关内容进行研究； （七）监督、检查会员行为，对违反法律、行政法规或者协会章程的，按照规定给予纪律处分； （八）证券业协会章程规定的其他职责。	第一百六十六条 证券业协会履行下列职责： （一）教育和组织会员及其从业人员遵守证券法律、行政法规，组织开展证券行业诚信建设，督促证券行业履行社会责任； （二）依法维护会员的合法权益，向证券监督管理机构反映会员的建议和要求； （三）督促会员开展投资者教育和保护活动，维护投资者合法权益； （四）制定和实施证券行业自律规则，监督、检查会员及其从业人员行为，对违反法律、行政法规、自律规则或者协会章程的，按照规定给予纪律处分或者实施其他自律管理措施； （五）制定证券行业业务规范，组织从业人员的业务培训； （六）组织会员就证券行业的发展、运作及有关内容进行研究，收集整理、发布证券相关信息，提供会员服务，组织行业交流，引导行业创新发展； （七）对会员之间、会员与客户之间发生的证券业务纠纷进行调解； （八）证券业协会章程规定的其他职责。
第一百七十七条 证券业协会设理事会。理事会成员依章程的规定由选举产生。	第一百六十七条 证券业协会设理事会。理事会成员依章程的规定由选举产生。
第十章 证券监督管理机构	第十二章 证券监督管理机构

2014 年修订	2019 年修订
第一百七十八条　国务院证券监督管理机构依法对证券市场实行监督管理，维护证券市场秩序，保障其合法运行。	第一百六十八条　国务院证券监督管理机构依法对证券市场实行监督管理，维护证券市场公开、公平、公正，防范系统性风险，维护投资者合法权益，促进证券市场健康发展。
第一百七十九条　国务院证券监督管理机构在对证券市场实施监督管理中履行下列职责： （一）依法制定有关证券市场监督管理的规章、规则，并依法行使审批或者核准权； （二）依法对证券的发行、上市、交易、登记、存管、结算，进行监督管理； （三）依法对证券发行人、上市公司、证券公司、证券投资基金管理公司、证券服务机构、证券交易所、证券登记结算机构的证券业务活动，进行监督管理； （四）依法制定从事证券业务人员的资格标准和行为准则，并监督实施； （五）依法监督检查证券发行、上市和交易的信息公开情况； （六）依法对证券业协会的活动进行指导和监督； （七）依法对违反证券市场监督管理法律、行政法规的行为进行查处； （八）法律、行政法规规定的其他职责。 国务院证券监督管理机构可以和其他国家或者地区的证券监督管理机构建立监督管理合作机制，实施跨境监督管理。	第一百六十九条　国务院证券监督管理机构在对证券市场实施监督管理中履行下列职责： （一）依法制定有关证券市场监督管理的规章、规则，并依法进行审批、核准、注册，办理备案； （二）依法对证券的发行、上市、交易、登记、存管、结算等行为，进行监督管理； （三）依法对证券发行人、证券公司、证券服务机构、证券交易场所、证券登记结算机构的证券业务活动，进行监督管理； （四）依法制定从事证券业务人员的行为准则，并监督实施； （五）依法监督检查证券发行、上市、交易的信息披露； （六）依法对证券业协会的自律管理活动进行指导和监督； （七）依法监测并防范、处置证券市场风险； （八）依法开展投资者教育； （九）依法对证券违法行为进行查处； （十）法律、行政法规规定的其他职责。

2014 年修订	2019 年修订
第一百八十条 国务院证券监督管理机构依法履行职责，有权采取下列措施： （一）对证券发行人、上市公司、证券公司、证券投资基金管理公司、证券服务机构、证券交易所、证券登记结算机构进行现场检查； （二）进入涉嫌违法行为发生场所调查取证； （三）询问当事人和与被调查事件有关的单位和个人，要求其对与被调查事件有关的事项作出说明； （四）查阅、复制与被调查事件有关的财产权登记、通讯记录等资料； （五）查阅、复制当事人和与被调查事件有关的单位和个人的证券交易记录、登记过户记录、财务会计资料及其他相关文件和资料；对可能被转移、隐匿或者毁损的文件和资料，可以予以封存； （六）查询当事人和与被调查事件有关的单位和个人的资金账户、证券账户和银行账户；对有证据证明已经或者可能转移或者隐匿违法资金、证券等涉案财产或者隐匿、伪造、毁损重要证据的，经国务院证券监督管理机构主要负责人批准，可以冻结或者查封； （七）在调查操纵证券市场、内幕交易等重大证券违法行为时，经国务院证券监督管理机构主要负责人批准，可以限制被调查事件当事人的证券买卖，但限制的期限不得超过十五个交易日；案情复杂的，可以延长十五个交易日。	**第一百七十条** 国务院证券监督管理机构依法履行职责，有权采取下列措施： （一）对证券发行人、证券公司、证券服务机构、证券交易场所、证券登记结算机构进行现场检查； （二）进入涉嫌违法行为发生场所调查取证； （三）询问当事人和与被调查事件有关的单位和个人，要求其对与被调查事件有关的事项作出说明；**或者要求其按照指定的方式报送与被调查事件有关的文件和资料；** （四）查阅、复制与被调查事件有关的财产权登记、通讯记录等**文件和**资料； （五）查阅、复制当事人和与被调查事件有关的单位和个人的证券交易记录、登记过户记录、财务会计资料及其他相关文件和资料；对可能被转移、隐匿或者毁损的文件和资料，可以予以封存、**扣押**； （六）查询当事人和与被调查事件有关的单位和个人的资金账户、证券账户、银行账户**以及其他具有支付、托管、结算等功能的账户信息，可以对有关文件和资料进行复制**；对有证据证明已经或者可能转移或者隐匿违法资金、证券等涉案财产或者隐匿、伪造、毁损重要证据的，经国务院证券监督管理机构主要负责人**或者其授权的其他负责人批准，可以冻结或者查封，期限为六个月；因特殊原因需要延长的，每次延长期限不得超过三个月，**

2014 年修订	2019 年修订
	（续） 冻结、查封期限最长不得超过二年； （七）在调查操纵证券市场、内幕交易等重大证券违法行为时，经国务院证券监督管理机构主要负责人或者其授权的其他负责人批准，可以限制被调查的当事人的证券买卖，但限制的期限不得超过三个月；案情复杂的，可以延长三个月； （八）通知出境入境管理机关依法阻止涉嫌违法人员、涉嫌违法单位的主管人员和其他直接责任人员出境。 为防范证券市场风险，维护市场秩序，国务院证券监督管理机构可以采取责令改正、监管谈话、出具警示函等措施。
	第一百七十一条 国务院证券监督管理机构对涉嫌证券违法的单位或者个人进行调查期间，被调查的当事人书面申请，承诺在国务院证券监督管理机构认可的期限内纠正涉嫌违法行为，赔偿有关投资者损失，消除损害或者不良影响的，国务院证券监督管理机构可以决定中止调查。被调查的当事人履行承诺的，国务院证券监督管理机构可以决定终止调查；被调查的当事人未履行承诺或者有国务院规定的其他情形的，应当恢复调查。具体办法由国务院规定。 国务院证券监督管理机构决定中止或者终止调查的，应当按照规定公开相关信息。

2014 年修订	2019 年修订
第一百八十一条 国务院证券监督管理机构依法履行职责，进行监督检查或者调查，其监督检查、调查的人员不得少于二人，并应当出示合法证件和监督检查、调查通知书。监督检查、调查的人员少于二人或者未出示合法证件和监督检查、调查通知书的，被检查、调查的单位有权拒绝。	**第一百七十二条** 国务院证券监督管理机构依法履行职责，进行监督检查或者调查，其监督检查、调查的人员不得少于二人，并应当出示合法证件和监督检查、调查通知书**或者其他执法文书**。监督检查、调查的人员少于二人或者未出示合法证件和监督检查、调查通知书**或者其他执法文书**的，被检查、调查的单位**和个人**有权拒绝。
第一百八十三条 国务院证券监督管理机构依法履行职责，被检查、调查的单位和个人应当配合，如实提供有关文件和资料，不得拒绝、阻碍和隐瞒。	**第一百七十三条** 国务院证券监督管理机构依法履行职责，被检查、调查的单位和个人应当配合，如实提供有关文件和资料，不得拒绝、阻碍和隐瞒。
第一百八十四条 国务院证券监督管理机构依法制定的规章、规则和监督管理工作制度应当公开。 国务院证券监督管理机构依据调查结果，对证券违法行为作出的处罚决定，应当公开。	**第一百七十四条** 国务院证券监督管理机构制定的规章、规则和监督管理工作制度应当**依法**公开。 国务院证券监督管理机构依据调查结果，对证券违法行为作出的处罚决定，应当公开。
第一百八十五条 国务院证券监督管理机构应当与国务院其他金融监督管理机构建立监督管理信息共享机制。 国务院证券监督管理机构依法履行职责，进行监督检查或者调查时，有关部门应当予以配合。	**第一百七十五条** 国务院证券监督管理机构应当与国务院其他金融监督管理机构建立监督管理信息共享机制。 国务院证券监督管理机构依法履行职责，进行监督检查或者调查时，有关部门应当予以配合。

2014 年修订	2019 年修订
	第一百七十六条 对涉嫌证券违法、违规行为，任何单位和个人有权向国务院证券监督管理机构举报。 对涉嫌重大违法、违规行为的实名举报线索经查证属实的，国务院证券监督管理机构按照规定给予举报人奖励。 国务院证券监督管理机构应当对举报人的身份信息保密。
第一百七十九条第二款 国务院证券监督管理机构可以和其他国家或者地区的证券监督管理机构建立监督管理合作机制，实施跨境监督管理。	第一百七十七条 国务院证券监督管理机构可以和其他国家或者地区的证券监督管理机构建立监督管理合作机制，实施跨境监督管理。 境外证券监督管理机构不得在中华人民共和国境内直接进行调查取证等活动。未经国务院证券监督管理机构和国务院有关主管部门同意，任何单位和个人不得擅自向境外提供与证券业务活动有关的文件和资料。
第一百八十六条 国务院证券监督管理机构依法履行职责，发现证券违法行为涉嫌犯罪的，应当将案件移送司法机关处理。	第一百七十八条 国务院证券监督管理机构依法履行职责，发现证券违法行为涉嫌犯罪的，应当依法将案件移送司法机关处理；发现公职人员涉嫌职务违法或者职务犯罪的，应当依法移送监察机关处理。
第一百八十二条 国务院证券监督管理机构工作人员必须忠于职守，依法办事，公正廉洁，不得利用职务便利牟取不正当利益，不得泄露所知悉的有关单位和个人的商业秘密。 第一百八十七条 国务院证券监督管理机构的人员不得在被监管的机构中任职。	第一百七十九条 国务院证券监督管理机构工作人员必须忠于职守、依法办事、公正廉洁，不得利用职务便利牟取不正当利益，不得泄露所知悉的有关单位和个人的商业秘密。 国务院证券监督管理机构工作人员在任职期间，或者离职后在《中华人民共和国公务员法》规定的期限

2014 年修订	2019 年修订
	（续） 内，不得到与原工作业务直接相关的企业或者其他营利性组织任职，不得从事与原工作业务直接相关的营利性活动。
第十一章 法律责任	**第十三章 法律责任**
第一百八十八条 未经法定机关核准，擅自公开或者变相公开发行证券的，责令停止发行，退还所募资金并加算银行同期存款利息，处以非法所募资金金额百分之一以上百分之五以下的罚款；对擅自公开或者变相公开发行证券设立的公司，由依法履行监督管理职责的机构或者部门会同县级以上地方人民政府予以取缔。对直接负责的主管人员和其他直接责任人员给予警告，并处以三万元以上三十万元以下的罚款。	**第一百八十条** 违反本法第九条的规定，擅自公开或者变相公开发行证券的，责令停止发行，退还所募资金并加算银行同期存款利息，处以非法所募资金金额**百分之五以上百分之五十**以下的罚款；对擅自公开或者变相公开发行证券设立的公司，由依法履行监督管理职责的机构或者部门会同县级以上地方人民政府予以取缔。对直接负责的主管人员和其他直接责任人员给予警告，并处以**五十万元以上五百万元**以下的罚款。
第一百八十九条 发行人不符合发行条件，以欺骗手段骗取发行核准，尚未发行证券的，处以三十万元以上六十万元以下的罚款；已经发行证券的，处以非法所募资金金额百分之一以上百分之五以下的罚款。对直接负责的主管人员和其他直接责任人员处以三万元以上三十万元以下的罚款。 发行人的控股股东、实际控制人指使从事前款违法行为的，依照前款的规定处罚。	**第一百八十一条** 发行人在其公告的证券发行文件中隐瞒重要事实或者编造重大虚假内容，尚未发行证券的，处以**二百万元以上二千万元**以下的罚款；已经发行证券的，处以非法所募资金金额**百分之十以上一倍**以下的罚款。对直接负责的主管人员和其他直接责任人员，处以**一百万元以上一千万元**以下的罚款。发行人的控股股东、实际控制人组织、指使从事前款违法行为的，没收违法所得，并处以违法所得百分之十以上一倍以下的罚款；没有违法所得或者违法所得不足二千万元

2014 年修订	2019 年修订
	（续） 的，处以二百万元以上二千万元以下的罚款。对直接负责的主管人员和其他直接责任人员，处以一百万元以上一千万元以下的罚款。
第一百九十二条　保荐人出具有虚假记载、误导性陈述或者重大遗漏的保荐书，或者不履行其他法定职责的，责令改正，给予警告，没收业务收入，并处以业务收入一倍以上五倍以下的罚款；情节严重的，暂停或者撤销相关业务许可。对直接负责的主管人员和其他直接责任人员给予警告，并处以三万元以上三十万元以下的罚款；情节严重的，撤销任职资格或者证券从业资格。	第一百八十二条　保荐人出具有虚假记载、误导性陈述或者重大遗漏的保荐书，或者不履行其他法定职责的，责令改正，给予警告，没收业务收入，并处以业务收入一倍以上十倍以下的罚款；没有业务收入或者业务收入不足一百万元的，处以一百万元以上一千万元以下的罚款；情节严重的，并处暂停或者撤销保荐业务许可。对直接负责的主管人员和其他直接责任人员给予警告，并处以五十万元以上五百万元以下的罚款。
第一百九十条　证券公司承销或者代理买卖未经核准擅自公开发行的证券的，责令停止承销或者代理买卖，没收违法所得，并处以违法所得一倍以上五倍以下的罚款；没有违法所得或者违法所得不足三十万元的，处以三十万元以上六十万元以下的罚款。给投资者造成损失的，应当与发行人承担连带赔偿责任。对直接负责的主管人员和其他直接责任人员给予警告，撤销任职资格或者证券从业资格，并处以三万元以上三十万元以下的罚款。	第一百八十三条　证券公司承销或者销售擅自公开发行或者变相公开发行的证券的，责令停止承销或者销售，没收违法所得，并处以违法所得一倍以上十倍以下的罚款；没有违法所得或者违法所得不足一百万元的，处以一百万元以上一千万元以下的罚款；情节严重的，并处暂停或者撤销相关业务许可。给投资者造成损失的，应当与发行人承担连带赔偿责任。对直接负责的主管人员和其他直接责任人员给予警告，并处以五十万元以上五百万元以下的罚款。

2014 年修订	2019 年修订
第一百九十一条 证券公司承销证券，有下列行为之一的，责令改正，给予警告，没收违法所得，可以并处三十万元以上六十万元以下的罚款；情节严重的，暂停或者撤销相关业务许可。给其他证券承销机构或者投资者造成损失的，依法承担赔偿责任。对直接负责的主管人员和其他直接责任人员给予警告，可以并处三万元以上三十万元以下的罚款；情节严重的，撤销任职资格或者证券从业资格： （一）进行虚假的或者误导投资者的广告或者其他宣传推介活动； （二）以不正当竞争手段招揽承销业务； （三）其他违反证券承销业务规定的行为。	第一百八十四条 证券公司承销证券违反本法第二十九条规定的，责令改正，给予警告，没收违法所得，可以并处五十万元以上五百万元以下的罚款；情节严重的，暂停或者撤销相关业务许可。对直接负责的主管人员和其他直接责任人员给予警告，可以并处二十万元以上二百万元以下的罚款；情节严重的，并处以五十万元以上五百万元以下的罚款。
第一百九十四条 发行人、上市公司擅自改变公开发行证券所募集资金的用途的，责令改正，对直接负责的主管人员和其他直接责任人员给予警告，并处以三万元以上三十万元以下的罚款。 发行人、上市公司的控股股东、实际控制人指使从事前款违法行为的，给予警告，并处以三十万元以上六十万元以下的罚款。对直接负责的主管人员和其他直接责任人员依照前款的规定处罚。	第一百八十五条 发行人违反本法第十四条、第十五条的规定擅自改变公开发行证券所募集资金的用途的，责令改正，处以五十万元以上五百万元以下的罚款；对直接负责的主管人员和其他直接责任人员给予警告，并处以十万元以上一百万元以下的罚款。 发行人的控股股东、实际控制人从事或者组织、指使从事前款违法行为的，给予警告，并处以五十万元以上五百万元以下的罚款；对直接负责的主管人员和其他直接责任人员，处以十万元以上一百万元以下的罚款。

2014 年修订	2019 年修订
第二百零四条　违反法律规定，在限制转让期限内买卖证券的，责令改正，给予警告，并处以买卖证券等值以下的罚款。对直接负责的主管人员和其他直接责任人员给予警告，并处以三万元以上三十万元以下的罚款。	第一百八十六条　违反本法第三十六条的规定，在限制转让期内转让证券，或者转让股票不符合法律、行政法规和国务院证券监督管理机构规定的，责令改正，给予警告，没收违法所得，并处以买卖证券等值以下的罚款。
第一百九十九条　法律、行政法规规定禁止参与股票交易的人员，直接或者以化名、借他人名义持有、买卖股票的，责令依法处理非法持有的股票，没收违法所得，并处以买卖股票等值以下的罚款；属于国家工作人员的，还应当依法给予行政处分。	第一百八十七条　法律、行政法规规定禁止参与股票交易的人员，违反本法第四十条的规定，直接或者以化名、借他人名义持有、买卖股票或者其他具有股权性质的证券的，责令依法处理非法持有的股票、其他具有股权性质的证券，没收违法所得，并处以买卖证券等值以下的罚款；属于国家工作人员的，还应当依法给予处分。
第二百零一条　为股票的发行、上市、交易出具审计报告、资产评估报告或者法律意见书等文件的证券服务机构和人员，违反本法第四十五条的规定买卖股票的，责令依法处理非法持有的股票，没收违法所得，并处以买卖股票等值以下的罚款。	第一百八十八条　证券服务机构及其从业人员，违反本法第四十二条的规定买卖证券的，责令依法处理非法持有的证券，没收违法所得，并处以买卖证券等值以下的罚款。
第一百九十五条　上市公司的董事、监事、高级管理人员、持有上市公司股份百分之五以上的股东，违反本法第四十七条的规定买卖本公司股票的，给予警告，可以并处三万元以上十万元以下的罚款。	第一百八十九条　上市公司、股票在国务院批准的其他全国性证券交易场所交易的公司的董事、监事、高级管理人员、持有该公司百分之五以上股份的股东，违反本法第四十四条的规定，买卖该公司股票或者其他具有股权性质的证券的，给予警告，并处以十万元以上一百万元以下的罚款。

2014 年修订	2019 年修订
	第一百九十条 违反本法第四十五条规定，采取程序化交易影响证券交易所系统安全或者正常交易秩序的，责令改正，并处以五十万元以上五百万元以下的罚款。对直接负责的主管人员和其他直接责任人员给予警告，并处以十万元以上一百万元以下的罚款。
第二百零二条 证券交易内幕信息的知情人或者非法获取内幕信息的人，在涉及证券的发行、交易或者其他对证券的价格有重大影响的信息公开前，买卖该证券，或者泄露该信息，或者建议他人买卖该证券的，责令依法处理非法持有的证券，没收违法所得，并处以违法所得一倍以上五倍以下的罚款；没有违法所得或者违法所得不足三万元的，处以三万元以上六十万元以下的罚款。单位从事内幕交易的，还应当对直接负责的主管人员和其他直接责任人员给予警告，并处以三万元以上三十万元以下的罚款。证券监督管理机构工作人员进行内幕交易的，从重处罚。	第一百九十一条 证券交易内幕信息的知情人或者非法获取内幕信息的人违反本法第五十三条的规定从事内幕交易的，责令依法处理非法持有的证券，没收违法所得，并处以违法所得一倍以上十倍以下的罚款；没有违法所得或者违法所得不足五十万元的，处以五十万元以上五百万元以下的罚款。单位从事内幕交易的，还应当对直接负责的主管人员和其他直接责任人员给予警告，并处以二十万元以上二百万元以下的罚款。国务院证券监督管理机构工作人员从事内幕交易的，从重处罚。 违反本法第五十四条的规定，利用未公开信息进行交易的，依照前款的规定处罚。

2014 年修订	2019 年修订
第二百零三条　违反本法规定，操纵证券市场的，责令依法处理其非法持有的证券，没收违法所得，并处以违法所得一倍以上五倍以下的罚款；没有违法所得或者违法所得不足三十万元的，处以三十万元以上三百万元以下的罚款。单位操纵证券市场的，还应当对直接负责的主管人员和其他直接责任人员给予警告，并处以十万元以上六十万元以下的罚款。	第一百九十二条　违反本法第五十五条的规定，操纵证券市场的，责令依法处理其非法持有的证券，没收违法所得，并处以违法所得一倍以上十倍以下的罚款；没有违法所得或者违法所得不足一百万元的，处以一百万元以上一千万元以下的罚款。单位操纵证券市场的，还应当对直接负责的主管人员和其他直接责任人员给予警告，并处以五十万元以上五百万元以下的罚款。
第二百零六条　违反本法第七十八条第一款、第三款的规定，扰乱证券市场的，由证券监督管理机构责令改正，没收违法所得，并处以违法所得一倍以上五倍以下的罚款；没有违法所得或者违法所得不足三万元的，处以三万元以上二十万元以下的罚款。 第二百零七条　违反本法第七十八条第二款的规定，在证券交易活动中作出虚假陈述或者信息误导的，责令改正，处以三万元以上二十万元以下的罚款；属于国家工作人员的，还应当依法给予行政处分。	第一百九十三条　违反本法第五十六条第一款、第三款的规定，编造、传播虚假信息或者误导性信息，扰乱证券市场的，没收违法所得，并处以违法所得一倍以上十倍以下的罚款；没有违法所得或者违法所得不足二十万元的，处以二十万元以上二百万元以下的罚款。 违反本法第五十六条第二款的规定，在证券交易活动中作出虚假陈述或者信息误导的，责令改正，处以二十万元以上二百万元以下的罚款；属于国家工作人员的，还应当依法给予处分。 传播媒介及其从事证券市场信息报道的工作人员违反本法第五十六条第三款的规定，从事与其工作职责发生利益冲突的证券买卖的，没收违法所得，并处以买卖证券等值以下的罚款。

2014 年修订	2019 年修订
第二百一十条 证券公司违背客户的委托买卖证券、办理交易事项，或者违背客户真实意思表示，办理交易以外的其他事项的，责令改正，处以一万元以上十万元以下的罚款。给客户造成损失的，依法承担赔偿责任。	第一百九十四条 证券公司及其从业人员违反本法第五十七条的规定，有损害客户利益的行为的，给予警告，没收违法所得，并处以违法所得一倍以上十倍以下的罚款；没有违法所得或者违法所得不足十万元的，处以十万元以上一百万元以下的罚款；情节严重的，暂停或者撤销相关业务许可。
第二百零八条 违反本法规定，法人以他人名义设立账户或者利用他人账户买卖证券的，责令改正，没收违法所得，并处以违法所得一倍以上五倍以下的罚款；没有违法所得或者违法所得不足三万元的，处以三万元以上三十万元以下的罚款。对直接负责的主管人员和其他直接责任人员给予警告，并处以三万元以上十万元以下的罚款。 证券公司为前款规定的违法行为提供自己或者他人的证券交易账户的，除依照前款的规定处罚外，还应当撤销直接负责的主管人员和其他直接责任人员的任职资格或者证券从业资格。	第一百九十五条 违反本法第五十八条的规定，出借自己的证券账户或者借用他人的证券账户从事证券交易的，责令改正，给予警告，可以处五十万元以下的罚款。
第二百一十三条 收购人未按照本法规定履行上市公司收购的公告、发出收购要约等义务的，责令改正，给予警告，并处以十万元以上三十万元以下的罚款；在改正前，收购人对其收购或者通过协议、其他安排与他人共同收购的股份不得行使表决权。对直接负责的主管人	第一百九十六条 收购人未按照本法规定履行上市公司收购的公告、发出收购要约义务的，责令改正，给予警告，并处以五十万元以上五百万元以下的罚款。对直接负责的主管人员和其他直接责任人员给予警告，并处以二十万元以上二百万元以下的罚款。

2014 年修订	2019 年修订
（续） 员和其他直接责任人员给予警告，并处以三万元以上三十万元以下的罚款。 第二百一十四条　收购人或者收购人的控股股东，利用上市公司收购，损害被收购公司及其股东的合法权益的，责令改正，给予警告；情节严重的，并处以十万元以上六十万元以下的罚款。给被收购公司及其股东造成损失的，依法承担赔偿责任。对直接负责的主管人员和其他直接责任人员给予警告，并处以三万元以上三十万元以下的罚款。	（续） 收购人及其控股股东、实际控制人利用上市公司收购，给被收购公司及其股东造成损失的，应当依法承担赔偿责任。
第一百九十三条　发行人、上市公司或者其他信息披露义务人未按照规定披露信息，或者所披露的信息有虚假记载、误导性陈述或者重大遗漏的，责令改正，给予警告，并处以三十万元以上六十万元以下的罚款。对直接负责的主管人员和其他直接责任人员给予警告，并处以三万元以上三十万元以下的罚款。 发行人、上市公司或者其他信息披露义务人未按照规定报送有关报告，或者报送的报告有虚假记载、误导性陈述或者重大遗漏的，责令改正，给予警告，并处以三十万元以上六十万元以下的罚款。对直接负责的主管人员和其他直接责任人员给予警告，并处以三万元以上三十万元以下的罚款。发行人、上市公司或者其他信息披露义务人的控	第一百九十七条　信息披露义务人未按照本法规定报送有关报告或者履行信息披露义务的，责令改正，给予警告，并处以五十万元以上五百万元以下的罚款；对直接负责的主管人员和其他直接责任人员给予警告，并处以二十万元以上二百万元以下的罚款。发行人的控股股东、实际控制人组织、指使从事上述违法行为，或者隐瞒相关事项导致发生上述情形的，处以五十万元以上五百万元以下的罚款；对直接负责的主管人员和其他直接责任人员，处以二十万元以上二百万元以下的罚款。 信息披露义务人报送的报告或者披露的信息有虚假记载、误导性陈述或者重大遗漏的，责令改正，给予警告，并处以一百万元以上一千万

2014 年修订	2019 年修订
（续） 股股东、实际控制人指使从事前两款违法行为的，依照前两款的规定处罚。	（续） 元以下的罚款；对直接负责的主管人员和其他直接责任人员给予警告，并处以**五十万元以上五百万元以下**的罚款。发行人的控股股东、实际控制人组织、指使从事上述违法行为，或者隐瞒相关事项导致发生上述情形的，处以一百万元以上一千万元以下的罚款；对直接负责的主管人员和其他直接责任人员，处以五十万元以上五百万元以下的罚款。
	第一百九十八条 证券公司违反本法第八十八条的规定未履行或者未按照规定履行投资者适当性管理义务的，责令改正，给予警告，并处以十万元以上一百万元以下的罚款。对直接负责的主管人员和其他直接责任人员给予警告，并处以二十万元以下的罚款。
	第一百九十九条 违反本法第九十条的规定征集股东权利的，责令改正，给予警告，可以处五十万元以下的罚款。
第一百九十六条 非法开设证券交易场所的，由县级以上人民政府予以取缔，没收违法所得，并处以违法所得一倍以上五倍以下的罚款；没有违法所得或者违法所得不足十万元的，处以十万元以上五十万元以下的罚款。对直接负责的主管人员和其他直接责任人员给予警告，并处以三万元以上三十万元以下的罚款。	第二百条 非法开设证券交易场所的，由县级以上人民政府予以取缔，没收违法所得，并处以违法所得一倍以上**十倍**以下的罚款；没有违法所得或者违法所得不足**一百万元**的，处以**一百万元以上一千万元**以下的罚款。对直接负责的主管人员和其他直接责任人员给予警告，并处以**二十万元以上二百万元以下**的罚款。

2014 年修订	2019 年修订
	（续） 证券交易所违反本法第一百零五条的规定，允许非会员直接参与股票的集中交易的，责令改正，可以并处五十万元以下的罚款。
	第二百零一条　证券公司违反本法第一百零七条第一款的规定，未对投资者开立账户提供的身份信息进行核对的，责令改正，给予警告，并处以五万元以上五十万元以下的罚款。对直接负责的主管人员和其他直接责任人员给予警告，并处以十万元以下的罚款。 证券公司违反本法第一百零七条第二款的规定，将投资者的账户提供给他人使用的，责令改正，给予警告，并处以十万元以上一百万元以下的罚款。对直接负责的主管人员和其他直接责任人员给予警告，并处以二十万元以下的罚款。
第一百九十七条　未经批准，擅自设立证券公司或者非法经营证券业务的，由证券监督管理机构予以取缔，没收违法所得，并处以违法所得一倍以上五倍以下的罚款；没有违法所得或者违法所得不足三十万元的，处以三十万元以上六十万元以下的罚款。对直接负责的主管人员和其他直接责任人员给予警告，并处以三万元以上三十万元以下的罚款。 第二百零五条　证券公司违反本法	第二百零二条　违反本法第一百一十八条、第一百二十条第一款、第四款的规定，擅自设立证券公司、非法经营证券业务或者未经批准以证券公司名义开展证券业务活动的，责令改正，没收违法所得，并处以违法所得一倍以上十倍以下的罚款；没有违法所得或者违法所得不足一百万元的，处以一百万元以上一千万元以下的罚款。对直接负责的主管人员和其他直接责任人员给予警告，并处以二十万元以上二

2014 年修订	2019 年修订
（续） 规定，为客户买卖证券提供融资融券的，没收违法所得，暂停或者撤销相关业务许可，并处以非法融资融券等值以下的罚款。对直接负责的主管人员和其他直接责任人员给予警告，撤销任职资格或者证券从业资格，并处以三万元以上三十万元以下的罚款。 第二百一十九条 证券公司违反本法规定，超出业务许可范围经营证券业务的，责令改正，没收违法所得，并处以违法所得一倍以上五倍以下的罚款；没有违法所得或者违法所得不足三十万元的，处以三十万元以上六十万元以下罚款；情节严重的，责令关闭。对直接负责的主管人员和其他直接责任人员给予警告，撤销任职资格或者证券从业资格，并处以三万元以上十万元以下的罚款。	（续） 百万元以下的罚款。对擅自设立的证券公司，由国务院证券监督管理机构予以取缔。 证券公司违反本法第一百二十条第五款规定提供证券融资融券服务的，没收违法所得，并处以融资融券等值以下的罚款；情节严重的，禁止其在一定期限内从事证券融资融券业务。对直接负责的主管人员和其他直接责任人员给予警告，并处以二十万元以上二百万元以下的罚款。
第二百二十一条 提交虚假证明文件或者采取其他欺诈手段隐瞒重要事实骗取证券业务许可的，或者证券公司在证券交易中有严重违法行为，不再具备经营资格的，由证券监督管理机构撤销证券业务许可。	第二百零三条 提交虚假证明文件或者采取其他欺诈手段骗取证券公司设立许可、业务许可或者重大事项变更核准的，撤销相关许可，并处以一百万元以上一千万元以下的罚款。对直接负责的主管人员和其他直接责任人员给予警告，并处以二十万元以上二百万元以下的罚款。

2014 年修订	2019 年修订
第二百一十八条　证券公司违反本法第一百二十九条的规定，擅自设立、收购、撤销分支机构，或者合并、分立、停业、解散、破产，或者在境外设立、收购、参股证券经营机构的，责令改正，没收违法所得，并处以违法所得一倍以上五倍以下的罚款；没有违法所得或者违法所得不足十万元的，处以十万元以上六十万元以下的罚款。对直接负责的主管人员给予警告，并处以三万元以上十万元以下的罚款。 证券公司违反本法第一百二十九条的规定，擅自变更有关事项的，责令改正，并处以十万元以上三十万元以下的罚款。对直接负责的主管人员给予警告，并处以五万元以下的罚款。	第二百零四条　证券公司违反本法第一百二十二条的规定，未经核准变更证券业务范围，变更主要股东或者公司的实际控制人，合并、分立、停业、解散、破产的，责令改正，给予警告，没收违法所得，并处以违法所得一倍以上十倍以下的罚款；没有违法所得或者违法所得不足五十万元的，处以五十万元以上五百万元以下的罚款；情节严重的，并处撤销相关业务许可。对直接负责的主管人员和其他直接责任人员给予警告，并处以二十万元以上二百万元以下的罚款。
第二百二十二条第二款　证券公司为其股东或者股东的关联人提供融资或者担保的，责令改正，给予警告，并处以十万元以上三十万元以下的罚款。对直接负责的主管人员和其他直接责任人员，处以三万元以上十万元以下的罚款。股东有过错的，在按照要求改正前，国务院证券监督管理机构可以限制其股东权利；拒不改正的，可以责令其转让所持证券公司股权。	第二百零五条　证券公司违反本法第一百二十三条第二款的规定，为其股东或者股东的关联人提供融资或者担保的，责令改正，给予警告，并处以五十万元以上五百万元以下的罚款。对直接负责的主管人员和其他直接责任人员给予警告，并处以十万元以上一百万元以下的罚款。股东有过错的，在按照要求改正前，国务院证券监督管理机构可以限制其股东权利；拒不改正的，可以责令其转让所持证券公司股权。

2014 年修订	2019 年修订
第一百九十八条 违反本法规定，聘任不具有任职资格、证券从业资格的人员的，由证券监督管理机构责令改正，给予警告，可以并处十万元以上三十万元以下的罚款；对直接负责的主管人员给予警告，可以并处三万元以上十万元以下的罚款。	
第二百二十条 证券公司对其证券经纪业务、证券承销业务、证券自营业务、证券资产管理业务，不依法分开办理，混合操作的，责令改正，没收违法所得，并处以三十万元以上六十万元以下的罚款；情节严重的，撤销相关业务许可。对直接负责的主管人员和其他直接责任人员给予警告，并处以三万元以上十万元以下的罚款；情节严重的，撤销任职资格或者证券从业资格。	第二百零六条 证券公司违反本法第一百二十八条的规定，未采取有效隔离措施防范利益冲突，或者未分开办理相关业务、混合操作的，责令改正，给予警告，没收违法所得，并处以违法所得一倍以上十倍以下的罚款；没有违法所得或者违法所得不足五十万元的，处以五十万元以上五百万元以下的罚款；情节严重的，并处撤销相关业务许可。对直接负责的主管人员和其他直接责任人员给予警告，并处以二十万元以上二百万元以下的罚款。
第二百零九条 证券公司违反本法规定，假借他人名义或者以个人名义从事证券自营业务的，责令改正，没收违法所得，并处以违法所得一倍以上五倍以下的罚款；没有违法所得或者违法所得不足三十万元的，处以三十万元以上六十万元以下的罚款；情节严重的，暂停或者撤销证券自营业务许可。对直接负责的主管人员和其他直接责任人员给予警告，撤销任职资格或者证券从业资格，并处以三万元以上十万元以下的罚款。	第二百零七条 证券公司违反本法第一百二十九条的规定从事证券自营业务的，责令改正，给予警告，没收违法所得，并处以违法所得一倍以上十倍以下的罚款；没有违法所得或者违法所得不足五十万元的，处以五十万元以上五百万元以下的罚款；情节严重的，并处撤销相关业务许可或者责令关闭。对直接负责的主管人员和其他直接责任人员给予警告，并处以二十万元以上二百万元以下的罚款。

2014 年修订	2019 年修订
第二百一十一条　证券公司、证券登记结算机构挪用客户的资金或者证券，或者未经客户的委托，擅自为客户买卖证券的，责令改正，没收违法所得，并处以违法所得一倍以上五倍以下的罚款；没有违法所得或者违法所得不足十万元的，处以十万元以上六十万元以下的罚款；情节严重的，责令关闭或者撤销相关业务许可。对直接负责的主管人员和其他直接责任人员给予警告，撤销任职资格或者证券从业资格，并处以三万元以上三十万元以下的罚款。	第二百零八条　违反本法第一百三十一条的规定，将客户的资金和证券归入自有财产，或者挪用客户的资金和证券的，责令改正，给予警告，没收违法所得，并处以违法所得一倍以上十倍以下的罚款；没有违法所得或者违法所得不足一百万元的，处以一百万元以上一千万元以下的罚款；情节严重的，并处撤销相关业务许可或者责令关闭。对直接负责的主管人员和其他直接责任人员给予警告，并处以五十万元以上五百万元以下的罚款。
第二百一十二条　证券公司办理经纪业务，接受客户的全权委托买卖证券的，或者证券公司对客户买卖证券的收益或者赔偿证券买卖的损失作出承诺的，责令改正，没收违法所得，并处以五万元以上二十万元以下的罚款，可以暂停或者撤销相关业务许可。对直接负责的主管人员和其他直接责任人员给予警告，并处以三万元以上十万元以下的罚款，可以撤销任职资格或者证券从业资格。	第二百零九条　证券公司违反本法第一百三十四条第一款的规定接受客户的全权委托买卖证券的，或者违反本法第一百三十五条的规定对客户的收益或者赔偿客户的损失作出承诺的，责令改正，给予警告，没收违法所得，并处以违法所得一倍以上十倍以下的罚款；没有违法所得或者违法所得不足五十万元的，处以五十万元以上五百万元以下的罚款；情节严重的，并处撤销相关业务许可。对直接负责的主管人员和其他直接责任人员给予警告，并处以二十万元以上二百万元以下的罚款。 证券公司违反本法第一百三十四条第二款的规定，允许他人以证券公司的名义直接参与证券的集中交易的，责令改正，可以并处五十万元以下的罚款。

2014 年修订	2019 年修订
第二百一十五条 证券公司及其从业人员违反本法规定，私下接受客户委托买卖证券的，责令改正，给予警告，没收违法所得，并处以违法所得一倍以上五倍以下的罚款；没有违法所得或者违法所得不足十万元的，处以十万元以上三十万元以下的罚款。	**第二百一十条** 证券公司**的**从业人员违反本法**第一百三十六条的**规定，私下接受客户委托买卖证券的，责令改正，给予警告，没收违法所得，并处以违法所得一倍以上**十倍**以下的罚款；没有违法所得的，处以**五十万元**以下的罚款。
第二百一十六条 证券公司违反规定，未经批准经营非上市证券的交易的，责令改正，没收违法所得，并处以违法所得一倍以上五倍以下的罚款。	
第二百一十七条 证券公司成立后，无正当理由超过三个月未开始营业的，或者开业后自行停业连续三个月以上的，由公司登记机关吊销其公司营业执照。	
第二百二十二条第一款 证券公司或者其股东、实际控制人违反规定，拒不向证券监督管理机构报送或者提供经营管理信息和资料，或者报送、提供的经营管理信息和资料有虚假记载、误导性陈述或者重大遗漏的，责令改正，给予警告，并处以三万元以上三十万元以下的罚款，可以暂停或者撤销证券公司相关业务许可。对直接负责的主管人员和其他直接责任人员，给予警告，并处以三万元以下的罚款，可以撤销任职资格或者证券从业资格。	**第二百一十一条** 证券公司及其**主要**股东、实际控制人违反**本法第一百三十八条的**规定，未报送、提供信息和资料，或者报送、提供的信息和资料有虚假记载、误导性陈述或者重大遗漏的，责令改正，给予警告，并处以**一百万元**以下的罚款；**情节严重的，并处**撤销相关业务许可。对直接负责的主管人员和其他直接责任人员，给予警告，并处以**五十万元**以下的罚款。

2014 年修订	2019 年修订
第二百二十四条　违反本法规定，发行、承销公司债券的，由国务院授权的部门依照本法有关规定予以处罚。	
第二百二十六条　未经国务院证券监督管理机构批准，擅自设立证券登记结算机构的，由证券监督管理机构予以取缔，没收违法所得，并处以违法所得一倍以上五倍以下的罚款。 投资咨询机构、财务顾问机构、资信评级机构、资产评估机构、会计师事务所未经批准，擅自从事证券服务业务的，责令改正，没收违法所得，并处以违法所得一倍以上五倍以下的罚款。 证券登记结算机构、证券服务机构违反本法规定或者依法制定的业务规则的，由证券监督管理机构责令改正，没收违法所得，并处以违法所得一倍以上五倍以下的罚款；没有违法所得或者违法所得不足十万元的，处以十万元以上三十万元以下的罚款；情节严重的，责令关闭或者撤销证券服务业务许可。	第二百一十二条　违反本法第一百四十五条的规定，擅自设立证券登记结算机构的，由国务院证券监督管理机构予以取缔，没收违法所得，并处以违法所得一倍以上十倍以下的罚款；没有违法所得或者违法所得不足五十万元的，处以五十万元以上五百万元以下的罚款。对直接负责的主管人员和其他直接责任人员给予警告，并处以二十万元以上二百万元以下的罚款。
第二百二十三条　证券服务机构未勤勉尽责，所制作、出具的文件有虚假记载、误导性陈述或者重大遗漏的，责令改正，没收业务收入，暂停或者撤销证券服务业务许可，并处以业务收入一倍以上五倍以下的罚款。对直接负责的主管人员和其他直接责任人员给予警告，撤销	第二百一十三条　证券投资咨询机构违反本法第一百六十条第二款的规定擅自从事证券服务业务，或者从事证券服务业务有本法第一百六十一条规定行为的，责令改正，没收违法所得，并处以违法所得一倍以上十倍以下的罚款；没有违法所得或者违法所得不足五十万元的，

2014 年修订	2019 年修订
（续） 证券从业资格，并处以三万元以上十万元以下的罚款。	（续） 处以五十万元以上五百万元以下的罚款。对直接负责的主管人员和其他直接责任人员，给予警告，并处以二十万元以上二百万元以下的罚款。 会计师事务所、律师事务所以及从事资产评估、资信评级、财务顾问、信息技术系统服务的机构违反本法第一百六十条第二款的规定，从事证券服务业务未报备案的，责令改正，可以处二十万元以下的罚款。 证券服务机构违反本法第一百六十三条的规定，未勤勉尽责，所制作、出具的文件有虚假记载、误导性陈述或者重大遗漏的，责令改正，没收业务收入，并处以业务收入一倍以上十倍以下的罚款，没有业务收入或者业务收入不足五十万元的，处以五十万元以上五百万元以下的罚款；情节严重的，并处暂停或者禁止从事证券服务业务。对直接负责的主管人员和其他直接责任人员给予警告，并处以二十万元以上二百万元以下的罚款。
第二百条 证券交易所、证券公司、证券登记结算机构、证券服务机构的从业人员或者证券业协会的工作人员，故意提供虚假资料，隐匿、伪造、篡改或者毁损交易记录，诱骗投资者买卖证券的，撤销证券从业资格，并处以三万元以上十万元以下的罚款；属于国家工作人员的，还应当依法给予行政处分。	

2014 年修订	2019 年修订
	第二百一十四条 发行人、证券登记结算机构、**证券公司**、证券服务机构未按照规定保存有关文件和资料的，责令改正，给予警告，并处以**十万元以上一百万元以下的罚款**；泄露、隐匿、伪造、篡改或者毁损有关文件和资料的，给予警告，并处以**二十万元以上二百万元以下的罚款**；情节严重的，处以**五十万元以上五百万元以下的罚款，并处暂停、撤销相关业务许可或者禁止从事相关业务。对直接负责的主管人员和其他直接责任人员给予警告，并处以十万元以上一百万元以下的罚款。**
第二百二十五条 上市公司、证券公司、证券交易所、证券登记结算机构、证券服务机构，未按照有关规定保存有关文件和资料的，责令改正，给予警告，并处以三万元以上三十万元以下的罚款；隐匿、伪造、篡改或者毁损有关文件和资料的，给予警告，并处以三十万元以上六十万元以下的罚款。	
	第二百一十五条 国务院证券监督管理机构依法将有关市场主体遵守本法的情况纳入证券市场诚信档案。
第二百二十七条 国务院证券监督管理机构或者国务院授权的部门有下列情形之一的，对直接负责的主管人员和其他直接责任人员，依法给予行政处分： （一）对不符合本法规定的发行证券、设立证券公司等申请予以核准、批准的； （二）违反规定采取本法第一百八十条规定的现场检查、调查取证、查询、冻结或者查封等措施的； （三）违反规定对有关机构和人员实施行政处罚的；	第二百一十六条 国务院证券监督管理机构或者国务院授权的部门有下列情形之一的，对直接负责的主管人员和其他直接责任人员，依法给予处分： （一）对不符合本法规定的发行证券、设立证券公司等申请予以核准、**注册**、批准的； （二）**违反本法规定采取**现场检查、调查取证、查询、冻结或者查封等措施的； （三）**违反本法规定对有关机构和人员采取监督管理措施的；**

2014 年修订	2019 年修订
（续） （四）其他不依法履行职责的行为。	（续） （四）违反**本法**规定对有关机构和人员实施行政处罚的； （五）其他不依法履行职责的行为。
第二百二十八条 证券监督管理机构的工作人员和发行审核委员会的组成人员，不履行本法规定的职责，滥用职权、玩忽职守，利用职务便利牟取不正当利益，或者泄露所知悉的有关单位和个人的商业秘密的，依法追究法律责任。	第二百一十七条 **国务院**证券监督管理机构**或者国务院授权的部门**的工作人员，不履行本法规定的职责，滥用职权、玩忽职守，利用职务便利牟取不正当利益，或者泄露所知悉的有关单位和个人的商业秘密的，依法追究法律责任。
第二百二十九条 证券交易所对不符合本法规定条件的证券上市申请予以审核同意的，给予警告、没收业务收入，并处以业务收入一倍以上五倍以下的罚款。对直接负责的主管人员和其他直接责任人员给予警告，并处以三万元以上三十万元以下的罚款。	
第二百三十条 拒绝、阻碍证券监督管理机构及其工作人员依法行使监督检查、调查职权未使用暴力、威胁方法的，依法给予治安管理处罚。	第二百一十八条 拒绝、阻碍证券监督管理机构及其工作人员依法行使监督检查、调查职权，**由证券监督管理机构责令改正，处以十万元以上一百万元以下的罚款，并由公安机关**依法给予治安管理处罚。
第二百三十一条 违反本法规定，构成犯罪的，依法追究刑事责任。	第二百一十九条 违反本法规定，构成犯罪的，依法追究刑事责任。
第二百三十二条 违反本法规定，应当承担民事赔偿责任和缴纳罚款、罚金，其财产不足以同时支付时，先承担民事赔偿责任。	第二百二十条 违反本法规定，应当承担民事赔偿责任和缴纳罚款、罚金、**违法所得，违法行为人**的财产不足以支付**的，优先用于**承担民事赔偿责任。

2014 年修订	2019 年修订
第二百三十三条　违反法律、行政法规或者国务院证券监督管理机构的有关规定，情节严重的，国务院证券监督管理机构可以对有关责任人员采取证券市场禁入的措施。 前款所称证券市场禁入，是指在一定期限内直至终身不得从事证券业务或者不得担任上市公司董事、监事、高级管理人员的制度。	第二百二十一条　违反法律、行政法规或者国务院证券监督管理机构的有关规定，情节严重的，国务院证券监督管理机构可以对有关责任人员采取证券市场禁入的措施。 前款所称证券市场禁入，是指在一定期限内直至终身不得从事证券业务、证券服务业务，不得担任证券发行人的董事、监事、高级管理人员，或者一定期限内不得在证券交易所、国务院批准的其他全国性证券交易场所交易证券的制度。
第二百三十四条　依照本法收缴的罚款和没收的违法所得，全部上缴国库。	第二百二十二条　依照本法收缴的罚款和没收的违法所得，全部上缴国库。
第二百三十五条　当事人对证券监督管理机构或者国务院授权的部门的处罚决定不服的，可以依法申请行政复议，或者依法直接向人民法院提起诉讼。	第二百二十三条　当事人对证券监督管理机构或者国务院授权的部门的处罚决定不服的，可以依法申请行政复议，或者依法直接向人民法院提起诉讼。
第十二章　附则	第十四章　附则
第二百三十六条　本法施行前依照行政法规已批准在证券交易所上市交易的证券继续依法进行交易。 本法施行前依照行政法规和国务院金融行政管理部门的规定经批准设立的证券经营机构，不完全符合本法规定的，应当在规定的限期内达到本法规定的要求。具体实施办法，由国务院另行规定。	

2014 年修订	2019 年修订
第二百三十七条 发行人申请核准公开发行股票、公司债券，应当按照规定缴纳审核费用。	
第二百三十八条 境内企业直接或者间接到境外发行证券或者将其证券在境外上市交易，必须经国务院证券监督管理机构依照国务院的规定批准。	第二百二十四条 境内企业直接或者间接到境外发行证券或者将其证券在境外上市交易，**应当符合国务院的有关规定。**
第二百三十九条 境内公司股票以外币认购和交易的，具体办法由国务院另行规定。	第二百二十五条 境内公司股票以外币认购和交易的，具体办法由国务院另行规定。
第二百四十条 本法自 2006 年 1 月 1 日起施行。	第二百二十六条 本法自 2020 年 3 月 1 日起施行。

（由《证券学苑》编辑部整理汇编）

第二部分 专家解读篇

新《证券法》，助力我国营商环境优化

罗培新

风起于青萍之末，浪成于微澜之间。以信息披露为核心的注册制变革，发轫于科创板。抽丝吐绿，苗壮成长，科创板终于撬动了资本市场的全局性制度再造。焕然一新的《证券法》，增设"信息披露"专章，充分体现了该项制度之于资本市场的扛鼎之功。

熟悉美国资本市场演变历史者，应当对 1916 年至 1939 年任联邦最高法院大法官的路易斯·布兰代斯（Louis D.Brandeis）不会陌生。在其传世之作《别人的钱》（*Others' Money*）中，布兰代斯挥笔写下经典名句："阳光是最好的防腐剂，灯光是最好的警察。"文明新旧能相益，心理东西本自同。对信息披露制度的倚赖，已然成为全球共识，近年来备受关注的世界银行营商环境评估，对此也倚重有加。

世界银行营商环境评估，以降低制度性交易成本为导向，对全球 190 个经济体的商事监管规则，进行全生命周期的评估，并逐一排序。此项评估，堪称全球营商环境便利度的风向标。

世界银行的全球营商环境评估报告（Doing Business Report, DB Report）中，"保护中小投资者"是十项指标之一，该项指标近年来大幅攀升，从 2018 年的全球第 119 名，飙升至 2020 年的第 28 名，对我国综合排名的提升，立下了汗马功劳！

评估问卷就"保护中小投资者"这项指标，构造了一个关联交易场景：詹姆斯拥有卖方公司 90% 的股份和买方公司 60% 的股份。买方是一家上市公司，詹姆斯是买方的董事，此外，在买方的五人董事会中，詹姆斯任命了其中两名董事。卖方最近关闭了许多店铺，闲置了一些卡车。詹姆斯提议买方支付相当于其自身资产 10% 的现金，购入卖方的闲置卡车。该交易履行了必须的批准程序，以及强制性信息披露义务。后来买方股东发现，卡车的交易价格高于市场价值。因而，该交易对买方造成了损害。买方股东想对詹姆斯和所有投票支持该交易的董事会成员提起诉讼。

世界银行在以上题设之后，设置了"信息披露指数""董事责任指数"等考查指标，新《证券法》对于信息披露制度的再造，毫无疑问，将进一步强化我国这些指标的全球排名。具体体现在以下两个方面。

其一，优化了信息披露的一般要求。新《证券法》的第七十八条在原来"真实、准确、完整"的要求基础上，增设了"简明清晰，通俗易懂"的规定。在实践中，有的上市公司的信息披露过于模式化，废话连篇，或者都长着一副"网红脸"，读不出任何个性化信息，投资者读之无味，起不到投资参考作用。新《证券法》提出了可读性、易懂性的要求，颇有针对性。当然，以什么语言披露信息才能"简明易懂"？对于同样一则信息，专业人士与普通投资者，可能得出完全不同的解读。甚至信息披露是否"准确"，都会引发争议。例如，最近科创板某公司被上交所处以纪律处分，原因是该公司公告披露，成功仿制开发了有关抗击新冠肺炎药物的原材料，并且已经"批量生产"。公司所理解的"批量生产"，是特指药品研发领域的"小试、中试"等阶段的生产，但在信息披露的语境中，特别是在一般的理性投资者看来，容易理解为规模化、商业化的生产，故而遭到纪律处分。

监管部门此种"管早管小"的监管姿态，势必催生上市公司改良自身信息披露工作的内生动力，有利于我国营商环境"信息披露指数"的提升。

其二，确立控股股东、实际控制人民事责任过错推定制度。按原证券法规定，控股股东、实际控制人有过错的，才承担连带赔偿责任，此为过错责任制度，即要追究其赔偿责任，原告需证明其过错。此种制度安排，导致我国在世界银行营商便环境评估中一再失分。

世界银行营商环境评估问卷中，在前文的题设之下给出了一道题：如果有证据表明存在不公平、利益冲突或者损害，是否足以就该交易给公司造成的损失，追究詹姆斯的责任？世界银行问卷提供了以下四个选项：(1) 不能，根据这些事实与假定，不能认定詹姆斯负有责任；(2) 不能，还必须证明詹姆斯存在重大过失、欺诈或者恶意；（3）不能，还必须证明詹姆斯存在过失、过错或者影响了董事会的决定；（4）可以。

如果不能对詹姆斯追究责任或者只能追究他的欺诈、恶意或重大过失责任，得分为 0；如果只有詹姆斯影响了交易的批准或有过失时才能追究其责任，得分为 1；如果交易对其他股东不公或造成不利时，能够追究詹姆斯的责任，得分为 2。

2018 年和 2019 年世界银行营商环境评估的报告中，我国"信息披露指数"这一项均未得分，原因是对于控股股东的责任，我国《公司法》第二十一条规定的是过错责任，即"公司的控股股东、实际控制人、董事、监事、高级管理人员不得利用其关联关系损害公司利益。违反前款规定，给公司造成损失的，应当承担赔偿责任"。世界银行专家认为，要让詹姆斯承担责任，必须证明其"利用了关联交易"，也就是说，原告必须证明其有过错。

为了解决这一问题，《最高人民法院关于适用〈中华人民共和国公司法〉若干问题的规定（五）》（2019 年 4 月 29 日施行）第一条规定"关联交易损害公司利益，原告公司依据公司法第二十一条规定请求控股股东、实际控制人、董事、监事、高级管理人员赔偿所造成的损失，被告仅以该交易已经履行了信息披露、经股东会或者股东大会同意等法律、行政法规或者公司章程规定的程序为由抗辩的，人民法院不予支持。公司没有提起诉讼的，符合公司法第一百五十一条第一款规定条件的股东，可以依据公司法第一百五十一条第二款、第三款规定向人民法院提起诉讼"。

经过一番艰辛的说服工作，我国司法解释的效力被世界银行认可，并在 2020 年世界银行全球营商环境评估中艰难得分，但基础并不牢固。此番新《证券法》在第二十四条与第八十五条中，确立了控股股东、实际控制人承担虚假陈述民事责任的归责原则，由此前的"过错原则"，统一调整为与上市公司董事、监事、高级管理人员、保荐人、承销商一样的"过错推定原则"。此一法理，可以延展至关联交易中控股股东的归责原则，从而有望巩固分值。

证券投资者保护：创新发展与制度协调

北京大学法学院教授　郭雳

2020年3月1日，新修订的《证券法》正式生效，对打造规范、透明、开放、有活力、有韧性的资本市场及优化市场生态具有重要意义。新证券法针对"投资者保护"增设专章，从不同角度切入，维护投资者的合法权益。该章的亮点包括：明确了证券公司所担负的充分了解客户、充分揭示风险、匹配投资适当性的义务，突出了投资者保护机构的作用，强化了针对债券投资者的保护等。

本次修法的一个重要突破是将投资者进一步划分为普通投资者和专业投资者，由中国证监会考虑财产状况、金融资产状况、投资知识和经验、专业能力等因素，来划定专业投资者的标准，并在此基础上实施差异化的保护。例如，新《证券法》规定当普通投资者与证券公司发生纠纷时，由证券公司来承担举证责任，证明自身行为合规，不存在误导、欺诈等情形。经过30年的成长，我国资本市场不断成熟，正提供越来越多的复杂产品，投资者之间也存在天壤之别。分类施策、区别对待是市场发展的需要，更有利于集中资源保护弱势中小投资群体。

与此同时，在受损投资者利益补偿方面，新《证券法》有三项重要的制度变化，即先行赔付制度的入法、责令回购以及中国版民事集体诉讼机制的推出。第九十三条规定，发行人因欺诈发行、虚假陈述或者其他重大违法行为给投资者造成损失的，发行人的控股股东、实际控制人、相关的证券公司可以委托投资者保护机构，就赔偿事宜与受到损失的投资者达成协议，予以先行赔付。在此类做法正式入法之前，中国证监会出台过《公开发行证券的公司信息披露内容与格式准则第1号——招股说明书（2015年修订）》，并在"万福生科案""海联讯案""欣泰电气案"等案例中有少量实践。

责令回购制度体现在新《证券法》第二十四条第二款。股票的发行人在招股说明书等证券发行文件中隐瞒重要事实或者编造重大虚假内容，已经发行并上市的，国务院证券监督管理机构可以责令发行人回购证券，或者责令负有责任的控股股东、实际控制人买回证券。作为帮助投资者逃出欺诈泥潭的一种手段，责令回购制度也常为学者所呼吁。

新《证券法》中的第九十五条第三款，被称作"中国版的证券集体诉讼"。"默示加入、明示退出"（opt-out）机制的引入使得大规模群体性诉讼获得了一条较为可行的实施路径。该款还巧妙地引入公益性的投资者保护机构作为代表人来主导实施诉讼，有望避免美国等法域出现的律师为谋取自身利益而坑害投资者的情形或顾虑。

通常情况下，国家对证券违法案件采取行政处罚的方式进行处理，这虽然能对行为人加以惩治并对其他市场主体产生一定威慑作用，但对于投资者而言却无助于弥补他们遭受的经济损失。由于存在以行政处罚或刑事判决为前提、受害主体分散且数量庞大、诉讼成本高且获偿时间长等问题，原先证券欺诈民事赔偿诉讼难以展开，中小投资者权益不易得到保障。上述三项制度的引入，均有利于消解投资者经济上的损失，提高我国投资者保护水平。

另一方面，三者的着力点有所区别。从效果来看，责令回购制度比较适合于上市时间不长、责任主体资金偿付能力尚可的情况。在操作细节如回购价格上，美国采用"发行价加算同期利息"；中国香港地区"洪良国际案"采用"停牌日收盘价"，而"群星纸业案"采用"购买证券产生的实际成本"。该制度要在中国内地落地，类似环节以及责任性质、触发条件、回购范围、实施程序、配套措施等，还有待具体规则跟进。

先行赔付和集体诉讼制度也是如此。两者相互补充，分别以诉讼外（前）和解及代表人诉讼的手段来全方位保护投资者权利。当然，二者在衔接上仍需要进一步考量。

其一，尽管先行赔付制度得到立法层面的确认，但当事人之间所达成的先行赔付协议从本质上来说，仍是和解协议，属于私法行为，协议本身并不具备强制执行力。因此，当责任主体不履行赔付义务时，可能还需要通过诉讼的方式来解决，只不过是从侵权之诉转变为以先行赔付协议为基础的违约之诉。顺此来思考，其二，未经人民法院制作调解书，和解协议通常只具有实体法上的效果，是否必然导致程序法上侵权之诉的诉权丧失，理论界存在争议。其三，基于合同的相对性，合同效力原则上只能及于签署合同的当事人，倘若法律条文所列的发行人控股股东、实际控制人、相关的证券公司中，仅有某一或部分主体签署和解协议，合同效力能否及于其他主体，藕断丝连会引发新的疑问。

不仅如此，受损投资者往往分散且数量庞大，因此在新《证券法》第九十五条集体诉讼相关规定中，投资者保护机构需经五十名以上投资者委托方可作为代表人启动机制，诉讼结果的效力及于所有投资者，除非某投资者明确表示不愿意参加诉讼。然而，类似设计在先行赔付的场景下却未见明确，相关法条中仅规定责任主体可以委托投资者保护机构就赔偿事宜与投资者达成协议，那么，倘若签署该协议时有部分投资者不知情或者不同意，先行赔付协议的效力与这些投资者的关系如何？他们又将以何种方式对其诉讼权利或其他救济手段予以保留？总之，制度创新为我国证券投资者民事赔偿、权利保障提供了关键基石，但不同制度之间的协调配合仍待后续不断完善。

新《证券法》投资者保护制度的三大"中国特色"

中国社会科学院法学研究所商法研究室主任　陈洁

一、设专章规定投资者保护制度

新增"投资者保护"专章是新《证券法》的一大亮点。域外尽管有专门制定诸如"证券投资者保护法"之类的立法例，但鲜有在证券法中专章规定投资者保护制度的。对此，尽管学界意见不一，但鉴于我国证券市场中小投资者众多且高度分散的"散户型"市场特征以及投资者保护机制的结构性缺陷和功能性障碍，新《证券法》设专章规定投资者保护制度契合市场需求、深具中国特色且颇富法理价值。

一是突出了投资者保护在《证券法》中的重要地位，凸显了立法者对投资者保护的重视，集中表达了《证券法》保护投资者权益的立法宗旨与核心价值。我国《证券法》立法伊始，就确立了保护投资者合法权益的立法宗旨和基本原则；但其实施效果却并不尽如人意。原因诸多，其中对如何实现投资者保护的机理思路尚未厘清是至为重要的原因之一，反映在《证券法》的文本设计上的一个重要表现就是投资者保护规定的散乱残缺。此次修法，立足投资者作为市场主体兼具投资者和证券交易者双重身份的特性，统筹兼顾，大胆借鉴，系统构筑投资者权益保护的顶层设计。这种单独成章的立法方式不仅有利于唤起整个市场对投资者保护的关注，增强市场各方对投资者保护的法律意识，对损害投资者行为起到宣示威慑作用，也便于整个市场充分利用《证券法》提供的投资者权益保护机制。

二是实现了立法层面投资者保护的法理逻辑与制度设计的一体化，有利于法律条文的具体落实与便捷应用。由于投资者保护关涉资本市场的方方面面，几乎每项证券法律制度都渗透着保护投资者的理念与思维，因此证券法中关于投资者保护的制度规范始终是零散不成体系的，而法条之间的逻辑与分布过于松散，势必影响到法律规范的整体把握与准确实施，实践中也着实给市场各方以及司法部门对法条的理解使用造成很大的困扰。新《证券法》"投资者保护"专章不仅把难以被其他章节吸收的内容一并纳入其中，更重要的是建构了以投资者权利为本位的规范架构与思维范式，即以投资者与证券公司，投资者与上市公司，投资者与发行人的控股股东、实际控制人等的关系为主线，明确了投资者可以让渡的权利、让渡的途径以及接受权利让渡的投资者保护机构为保护投资者权益可以采用的方式。这种立法模式使我国投资者保护制度更加体系化、更加科学完善，有利于把立法上的制度优势更好地转化为投资者保护的制度效能。

二、确立专门的投资者保护机构

新《证券法》第六章浓墨重彩地以四个条文（全章总共八个条文）对投资者保护机构的定位、职能予以规范，也是其一大特色。以中证中小投资者服务中心（以下简称"投服中心"）为例，作为加强对中小投资者保护的一项重大举措，中国证监会于 2014 年 8 月批准设立证券金融类公益机构投服中心。投服中心的主要职责就是为中小投资者自主维权提供教育、法律、信息、技术等服务。其中，"公益性持有证券等品种，以股东身份行权维权"是其重要职责之一。投服中心采取由中国证监会主导，其他社会组织力量积极配合的模式依法组建。此种由证券监管机构支持成立的半官方组织身份可能使投服中心的独立性受到质疑；但同时也方便了它的设立，使其具有较为充沛的经费来源。这种制度设计是充分考虑我国证券市场的结构特征以及证券监管机制的运行环境所作出的选择，也是对我国台湾地区"证券投资人及期货交易人保护中心"模式成功经验的借鉴。

此次新《证券法》集思广益，砥砺创新，对专门的投资者保护机构的定位职能予以明确，无疑是对我国证券市场长期以来积极探索投资者保护机制创新成果的制度化规范化，具有重要的制度建构价值和实践意义。具体而言，投资者保护机构兼具公共机构和机构投资者（公益股东）的双重属性，是集市场职能和监管职能于一身的特殊市场主体。就其市场职能来看，投资者保护机构运行机制的本质逻辑是由政府成立专门的维权组织，通过公益性持有股票并行使股东权利，充分发挥市场自律作用，向市场释放信号，形成威慑，进而示范动员其他广大投资者共同参与到维权过程中，提高投资者维权意识和能力，将市场力量集中化、组织化。这种机制是为了弥补我国投资者保护体系中自为机制的不足，是我国中小投资者保护的重大制度创新，是我国资本市场监管部门为更深入、更全面保护投资者，尤其是相对弱势的中小投资者的合法权益而设计的一种具有中国特色的中小投资者保护创新机制，它与行政监管、自律管理共同构成我国保护中小投资者合法权益的"三驾马车"。实践表明，投资者保护机构的有效运行，一是在结构上，可以弥补我国资本市场成熟投资者的数量不足，从而强化投资者权益保护自为机制的组织基础；二是在功能上，可以投资者身份行使民事权利，从而启动证券民事权利的实现机制，优化配置证券市场上的民事权利资源。

综上所述，新《证券法》对投资者保护机构的制度规范，表明了在我国证券市场转轨时期，建立由中国证监会统筹监管，与准行政性的投资者保护基金公司并存的投资者保护组织体系，是我国完善中小投资者保护体系的必然方向和重要措施。新《证券法》对投资者保护创新机制的确认，有利于市场多方利用制度资源，提高证券市场的自治能力，也为我国中小投资者权益保护提供新的制度创新思路和现实可能性。

三、创新投资者民事赔偿权利实现方式

保障因证券违法行为而遭受损害的投资者的民事赔偿权利是践行投资者保护宗旨的基础性制度。在借鉴域外成熟制度经验的基础上，《证券法》就如何切实高效地实现投资者的民事赔偿权利做了适应我国国情的重大探索与制度创新，具体包括责令购回、纠纷调解、支持诉讼等。其中最具中国特色的当数先行赔付与集体诉讼制度。

先行赔付是指在证券市场发生欺诈发行、虚假陈述或者其他重大违法行为案件时，在对发行人、上市公司等市场主体据以承担赔偿责任的行政处罚、司法裁判作出之前，由民事赔偿责任的可能的连带责任人之一先行垫资向投资者承担赔偿责任，然后再由先行赔付者向未参与先行赔付的发

行人、上市公司以及其他责任人进行追偿的一种措施。先行赔付制度可以及时赔偿投资者的损失，有利于维护投资者的权益，避免因责任人之间的相互推诿和求偿程序复杂而导致投资者求偿无门，是对我国证券民事责任制度的必要而有益的补充。在我国的证券市场运行与管理实践中，已经出现了先行赔付的做法。《证券法》总结市场监管实践经验，在全面实行证券发行注册制的制度预期下，为弥补当前证券民事责任制度实施机制的不足，果断引入先行赔付制度，积极建构我国资本市场民事赔偿的新模式，无疑是消除迈向注册制时产生的投资者市场疑虑的重要措施。

此次《证券法》顺应市场的呼声，明确引入中国特色的集体诉讼制度，规定投资者保护机构可以作为诉讼代表人，按照"默示加入、明示退出"的诉讼原则，依法为受害投资者提起民事损害赔偿诉讼。在该集体诉讼机制下，一旦胜诉，法院作出的判决裁定对参加登记的投资者均发生效力，这无疑将有效利用司法资源，极大降低投资者的维权成本。与此同时，我国的集体诉讼制度以投资者保护机构为抓手，通过维权组织来发动对证券违法行为的诉讼，同域外由律师主导的集团诉讼相比较，具有突出的优势。一方面，投资者保护机构公益性足以有效避免集团诉讼普遍存在的滥诉问题，同时，投资者保护机构可以更好地协调其与其他执法资源之间的关系，尤其有利于和政府监管、市场约束等执法机制的协同发展，既能弥补现有执法机制的不足，也可以避免执法资源的浪费。可以相信，《证券法》上述机制的有效运行，可以充分发挥证券市场机制的系统效益，增强各种社会组织在规范证券市场秩序方面的角色功能，尽快实现我国证券市场积极保护投资者权益的市场态势，确保《证券法》宗旨的有效实现。

证券市场的运行特点以及投资者在证券市场中的基础地位，决定了《证券法》要以保护投资者权益为宗旨。我国《证券法》自1998年颁行，历经四次修订，在2019年"大修"之际，设专章规定投资者保护制度，并对证券市场历经实践检验符合市场需求的创新安排加以制度化、规范化，切实增强我国投资者权益保护的整体效能，彰显我国资本市场对投资者保护的决心、对投资者保护制度功能的积极探索以及努力构建具有中国特色的投资者保护机制的立法智慧与制度自信。新《证券法》对投资者权利保护系统的全新打造和科学构建，不仅是因应强烈而现实的市场运行和社会发展需求的重大举措，也是我国证券市场迈向法治化、成熟化的重要标志。

新《证券法》保护投资者理念提升与制度创新

华东政法大学经济法学院教授　吴弘

本次《证券法》的修订是在深化金融供给侧结构性改革，证券市场高水平开放、高质量发展的背景下进行的，体现了市场化、法治化、国际化方向，特别是在投资者保护方面有许多与时俱进的理念升华和制度创新，标志着中国资本市场发展进入了新时代。

一、新《证券法》的投资者保护理念提炼升华

我国证券市场历经 30 年的改革发展，规模层次不断扩大，投资者不断增加，为市场经济发展作出了积极贡献；同时对保护投资者的认识也不断提高，积累了诸多实践经验。当然，市场还存在不平衡不完善的地方，违法违规、侵害投资者合法权益的现象时有发生，亟须以理念更新带动制度创新，解决一些长期难以解决的立法难题。

新《证券法》凝聚了保护投资者是重中之重的共识。不仅将多年来投资者保护实践中行之有效的成果提升为法律，还努力推进保护工作更上一层楼。新《证券法》加大投资者保护力度，重点解决投资者信息不对称、容易受侵害、维权成本高、寻求救济难等问题，着力提高中小投资者的地位和话语权，进一步调动投资者的积极性，增强市场信心。

新《证券法》落实新发展理念，准确处理市场发展与投资者保护的关系。新《证券法》在效率与公平、鼓励创新与防范风险等价值观之间努力寻求平衡，既坚持发展是硬道理，又要维护金融安全和投资者权益，为打造规范、透明、开放、有活力、有韧性的资本市场提供法制保障。如考虑到注册制改革是一个渐进过程，授权国务院对证券发行注册制的具体范围、实施步骤进行规定，在全面推开之前，部分板块、证券品种的公开发

行继续实行核准制，体现积极又慎重的态度。又如新《证券法》既通过优化简化程序，鼓励优质企业上市、高效融资，又引导企业规范运作、依法经营，创造财富、回馈投资者。

新《证券法》坚持社会参与、人人有责的理念，群策群力保护投资者权益。对市场各方提出了更高的法律要求，厘清了各自在投资者保护方面的权利义务边界：融资者守法诚信、自我约束，投资者理性投资、自我防范，中介机构吹哨监督、合规自律，监管者规制适度、执法到位，司法机关打击违法、化解矛盾，通过市场各方归位尽责，进一步改善资本市场生态环境。

新《证券法》遵循市场全球化、规范国际化的思路，对接投资者保护国际惯例。不仅促进扩大开放、与境外市场互联互通，吸引更多境外投资者参与国内证券交易，也一视同仁地保护境内外投资者的合法权益。根据实践中已出现的跨境操纵市场等违法犯罪现象，为防范风险跨境输入、跨境侵犯投资者权益，新《证券法》也尝试了"长臂管辖"，规定在境外的证券发行和交易活动，扰乱我国境内市场秩序，损害境内投资者合法权益的，依照本法规定处理并追究法律责任。

二、新《证券法》对投资者保护基本规范的制度创新

新《证券法》与时俱进，反映时代需求，对保护投资者的基本规范予以全面制度创新，不仅体现在体系化的专章规定上，更体现在各项制度的具体规则中，着力夯实保护机制。

第一，投资者保护基础性制度。一是适当性义务，以法律形式明确证券公司向投资者销售证券、提供服务时，要履行充分了解投资者，如实说明并充分揭示投资风险，与投资者风险匹配的义务。二是投资者分类，即根据投资者的财产状况、投资知识和经验等将投资者分为普通投资者和专业投资者，以便分类施策，对普通投资者加大保护力度，如普通投资者与证券公司发生纠纷时，举证责任倒置由证券公司提出证据；普通投资者要求调解的证券公司不得拒绝。

第二，投资者权利行使保障制度。一是公开征集投票权，适格征集人自行或委托其他机构公开请求上市公司股东委托其代为出席股东大会，并代为行使提案权、表决权等，监督制约上市公司行为。二是现金股利分配权，要求上市公司在章程中明确股利分配安排和决策程序，在当年实现盈余后要及时按照章程分配股利，以解决上市公司有盈利而长期不分配投资者股利的问题。

第三，投资者维权、救济制度。一是先行赔付，在发行人因欺诈发行、虚假陈述等重大违法行为给投资者造成损失时，通过发行人的控股股东、实际控制人、相关证券公司与投资者协商达成协议，就投资者的损失予以先行赔付。二是投资者保护机构深度介入投资者保护，包括依申请介入调解、支持诉讼、持股行权等。三是集体诉讼，其中又分为投资者默示退出、明示加入的一般代表人诉讼和投资者默示加入、明示退出的由投资者保护机构受委托作为代表人的诉讼。

第四，专章系统完善信息披露制度。一是扩大信息披露义务人的范围，强化其信息披露责任。二是完善信息披露的内容，强调应当充分披露投资者作出价值判断和投资决策所必需的信息等，规范信息披露义务人的自愿披露行为。三是强化交易所一线监管信息披露力度。

第五，加强对侵害投资者行为的查处。一是大幅度增强处罚和赔偿力度，提高违法侵权成本，如对上市公司信息披露违法行为，从原来最高可处六十万元罚款，提高至一千万元；明确了发行人的控股股东、实际控制人在欺诈发行、信息披露违法中的过错推定、连带赔偿责任等。二是强化监管执法，增强证监会依法监测防范、处置市场风险的职责，扩大证监会执法手段、权限，增加了行政和解、诚信档案制度。三是压实中介机构市场"看门人"职责，明确保荐人、承销商及其直接责任人员未履行职责时对受害投资者所应承担的责任。

三、新《证券法》对投资者保护相关规范的制度创新

新证券法制度创新的另一重点是促进证券市场发展，顺应市场创新发展，满足不同层次投资者的需求。

首先，在注册制推行中投资者保护制度创新。新《证券法》在降低门槛，发行条件更加灵活、包容、多元化的同时，注重维护投资者权益。一是注册制的审核，由交易所等国务院规定的机构担当发行审核责任，主要

采取问询的方式审核，证券监管部门退至后台起监督作用；二是发行过程规范、透明、有效，注册制下全程实行电子化，更加清晰可监督；三是强化发行人主体责任，规定了欺诈发行责任人的责令回购、高额行政处罚的责任，以及完善市场退出机制的配套；四是加重发行保荐人及证券服务机构的义务与责任。

其次，扩大了《证券法》适用的证券范围。除股票、公司债券、政府债券、证券投资基金外，将存托凭证明确规定为法定证券，将资产支持证券和资产管理产品写入《证券法》，授权国务院按照《证券法》的原则制定其发行、交易的管理办法，有利于依法保护投资存托凭证、资产管理产品和资产证券化产品的投资者。

再次，为多层次的资本市场奠定法律基础。将证券交易场所划分为证券交易所、国务院批准的其他全国性证券交易场所、按照国务院规定设立的区域性股权市场三个层次；规定证券交易所、国务院批准的其他全国性证券交易场所可以依法设立不同的市场层次（板块）；明确非公开发行的证券，可以在经国务院批准的交易场所转让；授权国务院制定有关全国性证券交易场所、区域性股权市场的管理办法等。丰富的多层次市场体系，可以满足不同层次的投融资需求。

最后，完善新证券交易方式的规范。新《证券法》在为金融业交叉经营与未来的混业经营预留了法律空间的同时，规定证券交易停复牌制度和程序化交易制度，完善证券交易所防控市场风险、维护交易秩序和投资者保护的手段措施。

持股行权：投资者保护的中国实践与制度创新

武汉大学法学院教授　冯果

行权难一直是投资者保护的难点。在行政监管介入效果有限、境外以律师和商业性机构投资者等私人力量主导的公司治理和私人执法又问题丛生的背景下，我国证券监管机构开始了投资者公益机构与市场化运作相结合的创新探索。

在中国证监会的主导和积极推动下，由中国证监会直接管理的公益类投资者保护机构——中证中小投资者服务中心（以下简称"投服中心"）于 2014 年成立，随后积极进行持股行权等投资者保护试点，并取得了实效。新修订的《证券法》及时总结试点经验，明确了投服中心的投资者保护公益机构的角色定位，豁免了其公开征集提案权和表决权，以及提起股东代表诉讼的持股时间或持股比例限制，赋予其支持诉讼的职责，允许其接受 50 名以上投资者的委托作为代表人参加诉讼，破除了持股行权的制度瓶颈，为这一富有中国特色的投资者保护制度打下了坚实的制度基础，标志着我国证券投资者保护事业步入了一个崭新时代。

一、市场化定位彰显了完全不同于公权监管的私法逻辑

中国资本市场是在政府主导之下建立起来的，在其发展过程中一直遵循的是政府干预和监管优位的治理路径。在这样的治理思路下，虽然不断加大行政监管和处罚力度，但证券欺诈、不公允关联交易等损害投资者权益的现象仍然存在。相反，私法逻辑下的权利行使则可以涵盖事前事中事后整个过程，手段灵活且富有弹性，可有效破解行政权等外部力量介入时机不当造成的滥权以及滞后等难题。

投服中心持股行权就是通过私法手段实现公法目的的一次重要尝试。

作为依据公司法成立的公司法人，投服中心有别于证券监管机构，它无法运用公权来达到规范公司运行和保护投资者权利的目的，只能按照市场主体的行为规范行使权利。根据制度设计，投服中心只有通过购买并持有上市公司股份的方式先获得证券投资者身份，然后借此身份介入资本市场，并在《公司法》等私法框架之内行使股东权利。该项制度设计旨在摆脱以公权监管为核心的传统治理路径依赖，通过发挥私法主体力量介入上市公司治理，运用股东自治方式，从内部督促公司规范运行，进而促成投资者保护的"内生化"，实现资本市场由"硬性管理"向"弹性治理"的转变。

二、公益性目标破解了市场力量所带来的公司治理结构扭曲等难题

面对集体行动困境、投资者冷漠和"搭便车"等公司治理难题，世界各国都在进行提升投资者行权意识和行权能力的实践探索。最为明显的是股东积极主义运动的兴起和证券集团诉讼的快速发展。这些举措虽对公司治理结构改善发挥了一定的积极作用，但也不同程度地产生了负面影响。在股东积极主义发展的中后期，股东积极主义就成为对冲基金等机构投资者疯狂套利的工具。种种"积极"介入公司治理过程的不当行为，不仅造成金融资本运作对产业资本运作的威胁和挤压，而且过于活跃的并购行为、频繁干扰公司决策的不当施压，都对上市公司的运行乃至金融市场稳定产生了恶劣影响。原本为投资者提供权益救济的证券集团诉讼也在律师逐利动机的驱动下呈现出滥诉的吊诡之势，市场力量自身的不足暴露无遗。

持股行权制度则开创了由公共组织代替普通商事群体推进公司治理的新模式。与普通投资者着眼于自身投资利益不同，投服中心介于政府和市场之间，其持股行权的目的并不在于追求自身利益，而是以其特殊投资者身份通过行使股东权利，以其专业化组织来实现保障投资者权益的宗旨。在实践中，投服中心只是象征性地购买上市公司一手股数的股份，并普遍非差异性地持有所有上市公司的股份。投服中心持有股票不以营利为目的，原则上不对拥有股份进行投资和交易，也不介入和干预公司日常经营，而是通过发送股东建议函、参加股东大会、股东大会之外期间现场行

权、参加上市说明会和公开发声以及提起股东代表诉讼等形式，来督促和监督公司规范治理和帮助投资者寻求事后救济，以维护投资者权益。

投服中心持股行权实质上是代表政府的公共机构主导的股东积极主义的体现，只是消除股东积极主义所呈现出的"恶"的一面，是耦合了监管干预和私人执法的各自优势的中间模式，其以私法手段实现规范公司治理、维护投资者权益的公法目的，有效实现了外部监管和内部治理的协调统一。

三、特殊的股东权利配置为持股行权开辟了广阔的制度空间

投服中心特殊的组织性质与功能定位，决定其虽然以普通股股东的身份参与公司治理，但又绝不能简单等同于上市公司普通股东，它必须享有有别于普通股东的特殊权利配置；否则，制度优势无从发挥。新《证券法》关于投资者保护机构公开征集提案权、表决权的持股时间以及提起股东代表诉讼持股比例限制豁免的规定，还有其可作为委托代表人发起集体诉讼的特殊规定，均体现出针对其公益性股东行权特点所做的制度安排，我国投资者保护的新格局也有望借此生成。

当然，我们也必须认识到公权力加持下的私法主体随时都有异化的风险。持股行权必须恪守维护投资者权益的公益目标、遵循私法逻辑，坚持行权目的的正当性，做到积极行权、理性行权和依法行权相统一，切忌干预公司日常经营，更不能无端陷入公司人事变更和控制权争夺等利益纷争，要重塑其独立性，不能将其沦为监管机构的派出机构，避免监管权借私权通道扩张及市场优势向权力优势的遁逃。

开创公司债券持有人权利保护的新型模式

中国人民大学法学院教授 叶林

新《证券法》的亮点之一，即搭建了公司债券制度的基础框架，构建了公司债券持有人权利保护制度，改变了证券法主要是股票法的属性，赋予了《证券法》以崭新的生命。新《证券法》明确采用了公司债券发行注册制，彻底摆脱了核准制下的过度干预，确立了债券受托管理人和债券持有人大会的地位，改变了公司债券持有人不得不分别独立面对债券发行人的柔弱地位，全面规定了公司债券信息披露的义务，形成了与证券法律责任制度的合理对接。在《证券法》公司债券制度制定的一系列制度和规则中，公司债券发行人承担信息披露义务是最为核心和重要的内容。

一、"信息披露+民事救济"的机制转型

在 20 世纪 90 年代建立证券市场初期，就出现了企业通过发行债券方式融资的做法。当时，证券法律法规不健全，监管理念不明确，监管手段不到位，非法集资现象愈演愈烈。在从计划经济向市场经济转型的历史背景下，国家站在维护证券市场秩序的立场上，先后采用过公司债券发行的审批制和核准制，原证券法主要是从核准制角度规制公司债券发行，突出与强调公司债券发行人的偿付能力，要求公司债券发行人的净资产不低于人民币 3000 万元或 6000 万元，累计债券余额不超过发行人净资产的 40% 等。这种重视债券发行人偿付能力的监管思路与公司债券具有的"到期还本付息"的本质相吻合，但是，这种"核准发行+偿付能力监管"的思路，无法动态反映公司债券发行人持续变动的经营和财务状况，也无法解决债券违约和债券发行人欺诈或虚假陈述等现实问题。

新《证券法》采用了不同的规制思路，实现了从"核准发行+偿付能

力监管"向"信息披露+民事救济"机制的根本转型。公司偿付能力是随着公司经营和财务等复杂因素而不断变化的。在债券发行核准或注册阶段，偿付能力是一个静态概念，主要反映公司发行公司债券时的状况，却无法动态反映公司运营中发生的偿付能力变化。因此，监管机关在许可公司发行公司债券时，也只能知晓公司在申请发行时的偿付能力，却无法即时掌握和了解发行人变动的偿付能力。在信息不对称的市场环境下，静态的偿付能力指标，容易诱发发行后出现的证券欺诈或债券违约，从而损害投资者利益。与此同时，在公司债券发行核准制体制下，监管机关当然有权跟踪了解公司债券发行人变动的偿付能力，实现对偿付能力的动态了解；但受制于监管资源的有限性以及公司债务已经流通的事实，监管机关很难进行公司债券上市后的过程控制，公司债券持有人保护的立法目标也就难以落实。

二、以信息披露为核心的崭新制度框架

"信息披露+民事救济"机制，是一种市场化运行机制。一方面，借助公司债券发行人的信息披露，可以为公司债券乃至公司整体作出合理定价，形成股票与债券价格的联动，有效发挥证券市场的价格发现功能。另一方面，借助信息披露，投资者才能作出正确的投资决策，并在此基础上落实"投资者自担风险"的原则。新《证券法》删除关于公司债券发行人净资产和债券余额等苛刻限制，并建立了公司债券的配套机制，丰富了债券持有人保护机制的内涵，建立了以信息披露为核心的崭新制度框架。

首先，明确了债券发行人向持有人承担的信息披露义务。公司债券发行人在申请发行时，当然要按照证券交易所的规定提交信息披露文件，同时，还应根据新《证券法》第七十九条和第八十一条，在上市交易阶段编制和披露定期报告和临时报告。该等定期报告和临时报告既可以反映债券发行人的偿付能力及变化，还可以反映与偿付能力有关的投资信息。公司债券发行人履行信息披露自然会提高公司成本。然而，债券发行人中的上市公司原本就承担了信息披露义务，要求其增加承担公司债券的信息披露义务，并未显著增加过重的负担和成本。事实上，专门针对公司债券编制和披露信息文件，有助于提升信息披露的针对性和有效性，与《证券法》

倡导的基本理念完全一致。因此，与保护公司债券持有人权益的立法宗旨相比，适当增加发行人成本是完全可以接受的制度安排。

其次，夯实债券受托管理人的履职基础。新《证券法》第九十二条规定"债券受托管理人应当勤勉尽责，公正履行受托管理职责"。然而，究竟如何界定受托管理人职责的外延，如何促使其更好地履行职责，始终是操作中的难题。在以往实践中，的确存在债券受托管理人职责不明、履职不专的问题。在公司债券发行人承担信息披露义务的基础上，债券受托管理人自然应当仔细阅读、分析信息披露文件，及时发现公司债券发行人信息披露中存在的问题，提升受托管理人的风险预测能力，从而能够精准界定债券受托管理人的职责范围。与此同时，债券受托管理人作为全体持有人的代理人，应当站在保护债券持有人利益的立场上，参加乃至主持债券持有人会议，通过债券持有人会议等方式向投资者传递其专业性的意见，更好地履行"勤勉尽责"义务，从而大幅度提升债券持有人保护的力度。

再次，便利证券交易所实施自律监管。证券交易所既是公司债券发行的平台，也是公司债券交易的市场，是连接公司债券发行人和持有人的纽带。证券交易所不能介入公司债券发行人的经营活动，也不会鼓励或者阻却债券持有人向发行人主张兑付本息或承担责任，却可以把信息披露作为实施公司债券市场自律监管的有效抓手，通过对公司债券发行人和债券市场实施有效的自律监管，充分发挥证券交易所的一线监管职能，提升债券持有人的保护程度，增强债券持有人的投资信心，形成公司债券市场的良性循环。

最后，拓宽了证券市场虚假陈述救济机制的适用范围。公司债券与股票都是证券，但在以往的证券市场纠纷解决中，虚假陈述的相关规定指向的是股票，主要适用于股票市场中的虚假陈述。由于公司债券属于"到期还本付息"的证券，有别于股票的"支付股息、不返本金"的属性，在实践中很少将证券市场虚假陈述规定适用于公司债券市场中的虚假陈述。对于公司债券市场虚假陈述引发的纠纷，理论和实务界往往将其归入"债券违约"的概念下；但由于债券违约系违约的特殊形态，通常不涉及债券发行人控股股东、实际控制人、董事、监事、高级管理人员应否承担赔偿责任的问题，从而在事实上限缩了公司债券持有人的利益。新《证券法》

明确规定公司债券发行人承担信息披露义务后，违反信息披露义务者，构成证券市场虚假陈述。按照这种新的思路，在发生虚假陈述时，公司债券持有人可以继续追究公司债券发行人的违约责任，也可以追究公司债券发行人虚假陈述的民事责任，证券交易所和中国证监会则可以顺利启动自律监管或行政监管程序。

三、我国债券市场格局的反思

我国债券市场成因复杂、规模庞大、问题众多。以信用债的称谓为例，既包括公司债券，也包括企业债券和债务融资工具。以市场结构为例，既包括证券交易所市场，也包括银行间同业拆借交易中心和柜台市场等场外市场。以债券发行市场为例，国家发展改革委负责企业债注册发行，中国证监会负责公司债注册发行，交易商协会负责债务融资工具注册发行。再以二级市场体制为例，公司债券只在证券交易所市场上市交易，债务融资工具仅在银行间同业拆借交易中心和柜台市场等场外市场交易，企业债券既可以选择在交易所上市交易也可以选择在银行间场外市场交易。在这种历史形成的债券市场格局下，普遍存在法律基础不扎实、实践做法差异大、处理结果不统一等问题。

《证券法》建立以信息披露为核心的崭新制度框架并辅之以相关配套措施，实乃向债券市场提供了一个以保护投资者利益为核心的全新和优越机制。一方面，在多数发行人均为有限责任公司和股份有限公司的现实背景下，有必要重新梳理和界定信用债的发行主体，尽力保持与《证券法》和《公司法》的一致性，澄清《证券法》中"公司债券"的准确含义，确立公司债券的基本法律地位。另一方面，在保护公司债券持有人权利的宗旨下，尊重不同债券市场差异和长期实践，提炼证券交易所市场形成的先进经验，突出信息披露和注册制的优越性，充分发挥证券交易所市场的制度竞争力，推动我国债券市场的全面进步。

新《证券法》建立"以结果为导向"的投资者保护制度

华东政法大学国际金融法律学院 郑彧

一、对投资者风险承受能力分类识别

"投资者保护"专章在起始条款（第八十八条）中首先开宗明义地要求"证券公司向投资者销售证券、提供服务时，应当按照规定充分了解投资者的基本情况、财产状况、金融资产状况、投资知识和经验、专业能力等相关信息；如实说明证券、服务的重要内容，充分揭示投资风险；销售、提供与投资者上述状况相匹配的证券、服务"，同时在第八十九条区分了"普通投资者"和"专业投资者"，由此构成针对券商"投资者适当性"的法定义务。

就新《证券法》的体例编排而言，其实可以看到投资者适当性义务实际上是"投资者保护"的前置条件，因为投资者进入证券市场是投资的开始，没有在券商开户和下单，投资者就无法交易，也就谈不上后续受到损失。但是不同于股市发展初期投资者需求和投资者背景的主体结构的"单一化"和风险承受的"同质化"，随着我国多层次资本市场体系的逐步建立，市场与市场、产品与产品之间存在越来越多的差异性，不同层次市场以及不同种类的证券产品的风险均呈现出不同的状态。而随着投资者主体结构和投资需求的多元化，不同投资者对于市场的投资目的、投资偏好和风险承受能力都已开始因人而异，多元化的市场在提供了更多的市场机会的同时，其实也对投资者的风险能力提出了要求。而为了避免投资者投资的盲目性，对于投资者风险承受能力的分类与识别，就自然而然地成为实现保护投资者利益这个结果目标的前道栅栏。

二、"前瞻式"监管干预

新《证券法》有关"投资者适当性义务"的规定，实际上是国际通行的针对金融消费者保护的"行为监管"的重要组成部分。行为监管的实践发端于20世纪70年代，在2008年全球金融危机爆发后，出于对"最少的监管即最好的监管"理念所产生的危机反思，强化行为监管和金融消费者保护日益成为国际金融变革的新趋势，尤其是强化以保障金融消费者为核心要义的行为监管成为全球银行业监管当局反思的重要内容。行为监管是一种"前瞻式"的监管干预手段，它不仅关注金融机构在提供金融产品或服务过程中是否合法合规，而且还要求其必须是合情合理，通过考察金融产品的整个生命周期，以早期干预的方式对金融机构所提供金融产品的业务规则进行实质性监管，防范有问题的金融产品和金融服务对金融消费者造成损害。

同样，为了防范风险，新《证券法》第八十八条对券商施加了两方面的投资者适当性义务：一是身份识别的基本义务，即"了解你的客户"原则，要从反洗钱和业务合规性的角度知道你的客户是谁、客户想做什么；二是风险识别的基本义务，即了解客户能做什么、不能做什么，在此基础上将合适的产品推荐给合适的人。值得注意的是，"投资者适当性义务"名义上是券商的义务，但通过本次修法，它实际上也转换成了券商的一种权利，即如果没有通过券商的投资者适当性审核，券商是有权利拒绝向投资者提供相关的金融产品和服务的。

三、引入"原则监管"

新《证券法》第八十八条虽对券商的"投资者适当性义务"设定了法定的义务，但从立法技术上，立法者并没有在该条内容上过多地展开具体要求，而是做了一个类似于"目标式"的立法要求。此中原因不难理解：券商在开展具体业务时可能遇到的情形千变万化，"投资者适当性义务"的条款确实很难展开技术性的具体描述以定位券商的具体要求。但基于第八十八条新设置了一项券商的法定义务，如要切实通过本条实现保护广大投资者利益的初衷，则在该条具体执法和监管的过程中就要注意对于

"原则监管"的引入。

"原则监管"也称"以原则为基础的监管"，它是一种以"监管结果为导向"的监管。"原则监管"不同于"规则监管"，规则监管是以明确清晰的标准来描述监管对象应该完成的"规定动作"或应该履行的行为的过程，来保证最大限度的行为合规性。规则监管的问题在于其在具有简单明了优点的同时，越来越多的监管规则使得规则变得极其庞杂，这会导致虽然原本规则监管的目的在于防范可能出现的违法违规行为；但因为规则监管往往"重法律形式、轻交易实质"，使在过于依赖详细的监管规则下，被监管者严重依赖"规则本身"的技术条款，而不关注规则背后的价值取舍，由此不免出现"规避""形式主义"等问题。相反，原则监管更多地提出一项明确的目标和要求，只不过不再把实现这个目标和要求的条件一一列明，而是需要监管对象依据行业惯例、内部风险控制去证明实现监管的目标和要求。此外，原则监管并非意味着放弃规则监管，而是把原则监管凌驾于规则之上，具体的规则只是构成原则监管项下的其中一个必要组成部分。

对照前述"原则监管"的要求，很明显地看到，新《证券法》第八十八条中的"充分了解""如实说明""充分揭示""状况相匹配"都不是技术性规范，而是一个有关结果的要求。这就决定了新《证券法》实施后，券商在销售证券或者提供服务的过程中，并不能完全以所谓的"程序性"规定（指定动作）的满足作为其完成"投资者适当性义务"的标准。相反，券商在提供相关产品和服务的过程中，必须以"程序性的规定动作"（法律规范的要求）＋"实质性的自选动作"（内部落实法律规范的规定、程序、条件）来证明其对"投资者适当性义务"的满足。

四、尚有继续完善之处

相较于国外相对成熟的金融消费者保护体系下的"投资者适当性义务"，未来我国证券监管和司法实践中都有值得继续期待或者明确的地方。

第一，在描述券商这个义务的适用条件时，目前的法律条文用了"向投资者销售证券、提供服务时"这样统括性的表述，这里面是否需要做一个限缩式的场景解释？即此项义务应该只是券商首次为客户提供服务或首次销售特定类别证券时应履行投资者适当性识别的义务，而不能简单地泛指所有的服务（比如券商在向客户推荐或者销售新股时，可以基于之前特定的投资者识别性而免于每一次销售的投资者适当性识别义务）。

第二，依据新《证券法》第二条"证券"范围的界定，现行法律没有采用范围更广的定义，只是在保留原有股票、公司债券的范围内增加了存托凭证这一明示类别。虽然有学者认为该条第三款将资管类理财产品归入"证券"的范围，但从第三款原文所述的"资产支持证券、资产管理产品发行、交易的管理办法，由国务院依照本法的原则规定"而言，资产管理产品是否属于新《证券法》项下的证券还是未有法律意义上的定论的。由此，新《证券法》的这种投资者适当性义务是否会涵盖到券商向其客户销售或者代销自有的资管产品、代销的基金产品、其他金融机构的理财产品（原有券商是可以代销银行系理财产品的，但 2018 年 9 月 28 日中国银保监会颁布的《商业银行理财业务监督管理办法》限制了银行委托券商对于银行系理财产品的代销）。

第三，新《证券法》"投资者适当性义务"适用还有一个前提条件是"应当按照规定充分了解……"，这里面"规定"一词的含义有多广？是仅指证券监管部门的行政性规范？还是可以扩大到所有金融监管机构的行政性规范？是否包括证券交易所或相关协会的自律性规则？抑或包括券商在本条要求项下自行制定的"合规性"内部规定？因为在最高人民法院看来，"在确定卖方机构适当性义务的内容时，应当以合同法、证券法、证券投资基金法、信托法等法律规定的基本原则和国务院发布的规范性文件作为主要依据"（《全国法院民商事审判工作会议纪要》第七十三条）。未来司法实践与监管实践如何理解与解释这个问题也值得期待。

"投资者保护"历来是各国证券监管的重点内容。在我国，投资者保护制度的建设与完善也历来是监管部门工作的重中之重。历年来，无论是上市公司股东大会的网络投票、虚假陈述先行赔付，还是投资者适当性要求等制度往往都是监管部门在实践中逐渐摸索出的工作成果。本次《证券法》修订其实是在总结先前监管工作经验的基础上，将一套被实践证明行之有效的投资者保护制度从位阶较低的部门性规章上升为位阶较高的法律，以为司法审判和证券监管提供充足且有力的法律保障。

"中国版证券集团诉讼制度"的特色、优势与运作

中央财经大学法学院教授 邢会强

新《证券法》第九十五条第三款确立了"中国版证券集团诉讼制度"。该制度具有以下几个特色。

一是由投资者保护机构作为代表人的集团诉讼制度。这与美国式的以律师作为代理人的集团诉讼有显著不同。这里所说的投资者保护机构目前只有中证中小投资者服务中心（以下简称"投服中心"）和中国证券投资者保护基金有限责任公司（以下简称"投保基金"）。

二是采用了美国式的"默示加入、明示退出"制度。即投资者保护机构为经证券登记结算机构确认的权利人向人民法院登记，经人民法院登记确认后，发出公告，不愿意参加该集团诉讼的投资者，可在规定的期限内明确声明要求退出，逾期没有作出该等表示的，即视为默示加入集团诉讼。而在日本和我国台湾地区等，则采取"默示退出、明示加入"的集团诉讼方式，即除非投资者明确同意加入，否则视为不委托。

三是明确了集团的最低人数是50人，以发挥规模经济优势。但如果人数低于50人，投资者保护机构也可以接受投资者委托，只不过不能采取"默示加入、明示退出"制度。

中国版证券集团诉讼制度的优势在于：

第一，发挥了中国投资者保护机构的体制优势。我国的前述两个投资者保护机构都是中国证监会的下属机构，具有公益性质，他们代理或代表投资者提起诉讼，仅收取较低的费用，避免了美国式集团诉讼下代理律师的高收费。他们还可以与证券监管机构、证券登记机构紧密合作，在行政处罚决定书作出前就提前介入做好相关准备工作，行政处罚决定书一公布，就第一时间迅速提起诉讼，及时维护投资者权益。

第二，结合了投资者保护机构的专业优势。投资者保护机构实力雄厚，能够支付起开发相关损失计算软件和技术的成本，这是一般的律师、检察院无法比拟的。利用该技术，能够很好地解决集团诉讼中的海量投资者损失计算问题。

第三，移植和结合了美国式"默示加入、明示退出"制度的优势。证券民事诉讼的痛点之一是要解决原告人数少的问题。由于诉讼成本较高，单个投资者往往不愿意提起诉讼。这就需要有人代理或代表一大批投资者共同进行诉讼，利用规模效应，摊平投资者的成本。"声明退出机制"解决了人数过少的问题，使得索赔金额比较大，具有规模效应。

中国版证券集团诉讼制度在实施过程中应注意以下问题。

第一，投资者保护机构所代表的投资者的范围问题。根据新《证券法》第九十五条，投资者的范围应该包括专业投资者和普通投资者，即所有受到损失的投资者。投资者保护机构代表投资者提起诉讼，代为追讨损失，并将追讨的损失在扣除必要的费用后，分配给被代表的投资者。这对投资者来讲，是天大的好事。但是，需要注意的是，证券诉讼的损失计算要么是模拟计算出来的，要么是像虚假陈述之类的"言语侵权"，受众面极大，虚假陈述文件不像实物商品那样复制受限，这导致最终计算出来的损失数额可能非常巨大。如果真要这样赔偿，上市公司极有可能因小的过失而破产倒闭。为此，境外有专门限制虚假陈述赔偿额的制度。我国没有这一制度，目前还持鼓励诉讼的态度。但法院判决时，要注意遵守比例原则，使过错与责任相适应，避免造成另一种灾难。

第二，和解与上诉问题。投资者保护机构代表投资者起诉，可以与被告和解，但应给投资者第二次退出机会，因为和解方案可能会造成投资者的索赔金额打折。如果第一审民事诉讼不是以和解而是以判决结案，则不服判的投资者应该有权另行上诉。当然，投资者保护机构也可以在再给原告一次声明退出机会之后，继续代表投资者提起上诉。

第三，被告的选择问题。实践中，证券侵权尤其是性质恶劣的财务造假，具有主观故意的，往往只有少数几个人；从中获得巨大的非法利益的，也往往是这些人。在这种情况下，在证券集团民事诉讼中，如果只起诉上市公司而不起诉这些故意造假者，或者无论主观上是故意还是过失的董事、监事、高级管理人员都一律起诉的话，极容易造成打击偏离的问题。上市公司本身其实也是受害者，其权益为全体投资者所拥有，但极有可能成了"替罪羊"。其他仅具有过失的董事、监事、高级管理人员，其实也是"代人受过"。如果上市公司因这样的证券侵权承担了民事赔偿责任而走向破产，受损的最终还是处于弱势地位的投资者。如果让其他仅具有过失的董事、监事、高级管理人员承担连带责任，也可能导致这些人倾家荡产。

因此，投资者保护机构在制定诉讼策略时，尤其是在选择被告时，不能仅仅追求胜诉率和获赔率，还应追求社会公平和社会公共利益，要尽量让故意造假者承担责任，付出切切实实的代价。作为投资者，对此也应该有理性认识和预期。投资者保护机构或法院在进行相关公告时，应公布全体被告名单，以使投资者能够看到投资者保护机构的诉讼策略。如果投资者看到了投资者保护机构的诉讼策略而不满意该诉讼策略的话，应及时声明退出，自己另行起诉。投资者保护机构应公布每年的专项集团诉讼总结报告，使投资者全面了解投资者保护机构的集团诉讼整体情况，以便作出理性选择。

总之，新《证券法》中的"中国版证券集团诉讼"是便利投资者行使诉讼权利、挽回投资者不该有的损失、惩恶扬善的有力武器，也是维护和实现社会公共利益、提高上市公司整体质量的社会工具，而不是上市公司正常运转的障碍。

破解强制现金分红规则落地难题
亟待完善诱导机制

西南政法大学民商法学院教授　曹兴权

一、强制现金分红规则可能面临实施难题

第九十一条通过设置章程必要条款引入的强制性现金分红规则，是本次《证券法》修订的一个创新。从加强投资者保护的立法目的看，该规则无疑值得肯定。立法预期的实现有赖于从文本法到实践法的全面转化。从公司现金分红与公司章程修订背后的利益关系及公司运行机制看，这种转化尚面临诸多待解难题。

公司现金分红与否，难以施加直接强制。是否分配利润、分配多少以及采取何种形式分配，本质上属于公司经营自由范围的事宜。《最高人民法院关于适用〈中华人民共和国公司法〉若干问题的规定（四）》第十五条关于仅在违反法律规定滥用股东权利导致公司不分配利润而给其他股东造成损失的场合才支持抽象分红权的规定，《最高人民法院关于适用〈中华人民共和国公司法〉若干问题的规定（五）》第四条关于仅裁决既有分红决议中分红时间纠纷的规定，均清晰地表达了该种立场。

要求公司章程必须记载现金分红条款，实质是在分红事宜上的间接强制。从直接强制转向间接强制，毋庸置疑是一种创新。但该种间接强制还是不能够完全消解公司分红、公司现金分红事宜决策中自由与强制之间的内在矛盾。这集中表现在引入现金分红条款的决议过程以及合理分红比例的设置上。引入现金分红的数量、时间等实质性要件以及表决的程序性机制的公司章程修改，在现行《公司法》框架内均需交由股东会决议并且适用"必须经代表三分之二以上表决权的股东通过"的规定。股东特别是大

股东是否支持该类条款的引入，几乎完全取决于其自愿。大股东否决股东大会议案的，构成股东权利滥用吗？认定起来可能相当困难。即使认定构成滥用，也难以从正面推动现金分红章程条款引入的议案，因为权利滥用仅属于否决议案的事由。"绝对多数决"机制有助于小股东制衡大股东，该效果是基于小股东否决大股东提案的逻辑而实现的，本身并不适用于大股东本身意图否定的事宜。即使解决了现金分红条款有无的难题，也可能存在条款所设分红比例过低的大量规避。是百分之三十，还是百分之一甚至更低？若为后者，即使引入现金分红章程条款对改善保护投资者的实质意义也有待观察。

二、着眼提升股东意愿的诱导机制

显然，立法意图的实现最终依赖于公司大股东的自愿支持行为，不管这种自愿是基于纯粹社会责任感而产生的过程意义的内心意志表达，还是基于市场约束或者其他强制性约束压力而产生的结果意义的外在表达。因此，当下的任务在于构建破解现金分红规则实施难题的机制。在影响股东是否愿意推动公司现金分红的各种因素中，社会责任感的提升难以通过国家强制机制达致。市场交易谈判的压力或者市场信誉约束压力也同样如此。即使大股东否决小股东提出现金分红章程修正案的行为被法院认定为表决权滥用，也只是产生降低大股东市场声誉的效果。此刻，法院是否支持要求大股东赔偿的诉求尚存在疑问；即使被判决支持，该类司法强制与直接强制引入现金分红条款的强制之间仍有显著区别。当然，现实中可能存在一些将现金分红行为或现金分红条款作为其他监管措施实施条件的其他强制措施。不过，这些监管性强制措施并不指直接针对现金分红或分红条款引入决策行为本身，至多作为现金分红的间接性外在强制约束机制。因此，无论是提升股东的社会责任感、形成市场交易谈判的压力或者市场信誉约束压力，还是其他强制机制，在本质上都可归属于诱导股东支持公司现金分红的诱导机制。

事实上，中国证监会一直在努力构建促使上市公司现金分红的诱导机制。第一，将现金分红与融资监管挂钩。比如，在2001年发布的《上市公司新股发行管理办法》中就将未分红作为再融资监管中董事会及主承销商的特别解释事项；在 2004 年将上市公司最近三年未进行现金利润分配作为公开发行股票审批的否决事由。最新发布的《上市公司证券发行管理办法》将"最近三年以现金方式累计分配的利润不少于最近三年实现的年均可分配利润的百分之三十"作为评判财务状况良好的必要条件。第二，强化现金分红政策的透明度。比如，2004 年中国证监会发布的《关于加强社会公众股股东权益保护的若干规定》就要求，董事会未作出现金利润分配预案的应特别披露原因，并且独立董事应当对此发表独立意见。年报准则要求披露利润分配预案，对报告期内盈利但未提出现金利润分配预案的公司，应详细说明公司未分配利润的用途和使用计划。第三，要求上市公司应当将其利润分配办法载明于公司章程。中国证监会于 2004 年发布的《关于加强社会公众股股东权益保护的若干规定》、于 2008 年发布的《关于修改上市公司现金分红若干规定的决定》均有该规定。第四，降低现金分红的监管要求。比如，2008 年就允许上市公司中期财务会计报告不经审计即可实施半年度现金分红。现金分红条款的有无、现金分红条件及比例等公司章程条款的强制引入，使基于发行审查机制的诱导而得以实现；现行分红条款内容的合理性评判，使基于发行文件诸如说明书的披露及投资者理性评判与选择而得以落实。对于已上市但尚未在章程中规定现金分红条款的公司，基于融资监管的压力、信息披露的投资者选择压力，条款引入甚至条款设计应当合理之强制也得以间接地落实。当然，如果能够成功诱导，将这些外在压力转化为大股东的真正内心意愿，新《证券法》第九十一条的落地难题将迎刃而解。

三、聚焦公司现金分红公司治理习惯的培育

需要注意的是，上述这些关于证券公开发行监管强制要求的强制效用在注册制实施后是否会一如既往还有待斟酌。注册制度关于询问与回答的审查逻辑意味着，信息披露以及借助于信息披露的遵守或者解释机制，将成为督促新《证券法》第九十一条关于现金分红章程必要记载事项强制性规则落地的基本路径。或许，适当变革注册制度、优化证券发行管理办法可以解决增量问题，可以强制新上市公司在章程中引入现金分红条款；但可能无法面对大量已上市公司章程待引入的存量问题。

　　因此，除按照注册制的实质理念优化证券发行管理办法外，尚需聚焦其他诱导机制的系统性构建。于前者，应完善有关现金分红规则与程序的询问和回答机制的细则及相关的信息披露细则。于后者，可能需要在优化信息披露规则的基础上，完善上市公司章程示范条款及上市公司治理准则中关于现金分红的规定，提升这些软法在证券民事纠纷解决中的法律价值；完善关于现金分红条款设置有关的控股股东和董事特别义务及违反的民事责任规则；构建有效抑制上市公司利用公积金转增分红特别是欺诈性分红的规则；引导市场建立控股股东支持公司推动现金分红的单方承诺机制。

　　其中，依托《民法总则》第十条的法源习惯机制，如何有效培育和利用上市公司治理习惯体系，为上市公司及其控股股东、董事、监事、高级管理人员提供现金分红条款设置及决策的行为指引，为裁判者提供解决现金分红条款设置及现金分红决策纠纷的裁判指引，则是不可回避的任务。基于现金分红公司治理习惯的行为指引效应，确保大股东知道如何去遵从和支持；当然更为重要的是，基于现金分红公司治理习惯的内生约束效应，确保大股东自愿地、实质性地去遵从和支持。

　　为此，继续完善《上市公司治理准则》《上市公司章程指引》的相关条款并且让其回归为真正的自律规则，建议作为确解强制现金分红规则落地难题的优先选项。

新起点：强化民事责任

北京市天同律师事务所律师　何海锋

"投资者保护"专章从投资者与各类证券市场主体的关系展开，构建起包括投资者适当性、表决权征集、债券持有人会议和受托管理人、现金分红、先行赔付、证券代表人诉讼等一系列制度在内的较为完备的投资者保护体系，为证券市场投资者保护提供了基本依据。然而，这一专章最大的特色或者贡献在于，以相对集中和系统化的方式规定了损害投资者权益的民事责任。

一、落实民事责任是重大突破

保护投资者，从法律责任上观之，主要有三条路径。第一条是民事责任的路径，表现为投资者通过诉讼与非诉讼渠道维护自身的权益，主要是请求民事赔偿。第二条是行政责任的路径，表现为监管机构严厉打击违法违规行为，主要是处以罚款。第三条是刑事责任的路径，表现为国家对于证券市场上构成犯罪的行为，依法追究刑事责任。投资者将自有资金投入市场，最期待的是收益和回报，最恐惧的是风险和损失。直接作用于违法者的行政责任和刑事责任是公法意义上的投资者保护，并不会给投资者带来私法上的救济。相比之下，民事赔偿责任更为投资者关注，更贴近投资者需求。

而我国证券市场脱胎于计划经济体制，《证券法》从诞生之日起就带有浓厚的行政色彩，在法律责任设置上主要是以行政责任为主，只有为数不多的违法违规行为配备有民事责任。由此导致在早期的中国证券市场，投资者由于上市公司等主体的违法违规行为遭受损失，除了通过投诉举报诉诸监管处罚，损失赔偿基本求告无门。2001年，最高人民法院曾下发通知，明确法院暂时不予受理和审理证券类民事赔偿案件。直到2003年，最高人民法院出台司法解释，证券虚假陈述类民事赔偿案件才得以进入法院；但这并不意味着投资人维权的渠道已经畅通，其中的一些规定至今仍然饱受争议。

由于证券市场的专业性、复杂性和强监管属性，行政监管对于违法违规行为的威慑和对于投资者的保护自然应当是更加高效有力的。但是，在保护投资者这件事情上，哪怕再有责任心的监管机构，也不如投资者自己更上心。尤其是在证券发行注册制的基本立场之上，投资者自主决策、自由交易、自负盈亏，理应取得更多维护自己权益并获得民事赔偿的机会，包括更多的请求权基础、更低的请求门槛、更宽的请求路径。

对此，"投资者保护"专章作出了较为充分的回应。在提供请求权基础方面，证券公司违反适当性义务导致投资者损失的，应当承担相应的赔偿责任；违法违规公开征集股东权利导致上市公司或者其股东遭受损失的，应当依法承担赔偿责任。在降低请求门槛方面，普通投资者与证券公司发生纠纷的，证券公司承担过错推定责任；债券受托管理人可以接受委托，以自己名义代表债券持有人提起、参加民事诉讼或者清算程序；发行人因欺诈发行、虚假陈述或者其他重大违法行为给投资者造成损失的，发行人的控股股东、实际控制人、相关的证券公司可以委托投资者保护机构，就赔偿事宜与受到损失的投资者达成协议，予以先行赔付。在拓宽请求路径方面，普通投资者与证券公司发生证券业务纠纷，普通投资者提出调解请求的，证券公司不得拒绝；投资者保护机构对损害投资者利益的行为，可以支持投资者提起诉讼；最为重要的是，除了重申证券民事诉讼中的代表人诉讼以外，还赋予了投资者保护机构提起"默示加入、明示退出"的集体诉讼权利。由此可见，"投资者保护"专章关于民事责任的落实有了巨大的突破，在整个新《证券法》中起着示范性作用。

二、新《证券法》是一个新起点

值得注意的是，保护投资者的合法权益是整部《证券法》的立法目的，贯穿于《证券法》的始终，并非专章所能涵盖，强化民事责任的规定在专章之外也有许多体现。比如，新《证券法》增加了利用未公开信息进行交易给投资者造成损失，传播媒体及其工作人员编造、传播虚假信息或者误导性信息给投资者造成损失，发行人、控股股东、实际控制人，发行人的董事、监事、高级管理人员等不履行承诺给投资者造成损失等情形的民事赔偿责任。这些规定同样为投资者追究民事责任提供了请求权基础。但也要看到，除了新设的"投资者保护"专章对于民事责任有相对成体系的规定外，其他规定都散落在各个章节之中，在具体责任的构成要件、免责事由、举证责任分配上都没有详细的规定。

当然，单从规则层面考虑，保护投资者不单单是《证券法》的任务，这也是《证券法》难以独立完成的任务。最高人民法院的司法解释、国务院相关的行政法规、中国证监会的部门规章与《证券法》共同组成投资者保护的规则依据。2002年证券虚假陈述的民事责任就是通过司法解释（《最高人民法院关于审理证券市场因虚假陈述引发的民事赔偿案件的若干规定》）真正落地的，但不得不承认的是，这部司法解释在某些地方也阻碍了民事责任的圆满实现。因此，从民事责任的规则供给角度来说，新《证券法》只是一个起点。

民事责任羽翼丰满是投资者最大的福音。而民事责任的不彰，一直是我国《证券法》饱受诟病的一个问题。新《证券法》通过设立"投资者保护"专章，使这一问题得到了较大程度的缓解。但是，新《证券法》之下的民事责任，只能说"羽翼渐丰"，离"羽翼丰满"还有很长的路要走。

先行赔付制度与新《证券法》实施简评

金杜律师事务所合伙人 张明远

本次《证券法》修订的一大亮点是新设"投资者保护"专章,对投资者保护进行全面系统的规定,先行赔付制度为其中备受市场各方关注的焦点之一。

一、先行赔付的溯源及制度价值

先行赔付制度系发轫于我国证券市场实践的原创性规则。在本次《证券法》修订前,实践中已先后出现了"万福生科案""海联讯案""欣泰电气案"三个探索性案例(自"万福生科案"之后,相关政府部门陆续出台类似先行赔付制度雏形的规范性文件)。

先行赔付制度在投资者保护、降低司法救济成本、引导构建市场信用等方面将发挥重要作用。一方面,在我国证券民事诉讼法律体系的现状下,先行赔付能够实实在在地让投资者及时有效地获得赔偿,对保护投资者利益具有重要意义;另一方面,先行赔付制度有利于督促有关行为主体和中介机构切实履行法定义务和职责,共建完善的资本市场诚信体系。

本次《证券法》修订正式在法律层面确认了先行赔付制度,为该制度的适用和实施打下了坚实的基础,值得高度肯定。

二、自愿赔付制度下的两点思考

具体到法律条文本身,新《证券法》仅通过第九十三条的一个条款,对先行赔付制度作出了原则性的规定,而条款中"可以委托"等表述,明确了先行赔付的非强制性质。从这个角度看,《证券法》修订体现了谨慎和谦抑的立法精神。毕竟先行赔付作为便利投资者获得赔偿的补充性制度安排，不宜过分倚重和依赖行政主导或是强制性赔偿，否则可能弱化民事司法救济制度的发展。

从自愿赔付原则出发，当下一个很实际的问题便是，相关招股说明书准则中明确要求招股说明书扉页应载有"保荐人承诺因其为发行人首次公开发行股票制作、出具的文件有虚假记载、误导性陈述或者重大遗漏，给投资者造成损失的，将先行赔偿投资者损失"，而且保荐机构也要出具先行赔付承诺函。在自愿和强制、先行赔付义务人范围（目前上述披露准则并未要求发行人控股股东及实际控制人作出先行赔付承诺）方面，与修订后的《证券法》尚有需要协调之处。

另一方面，既然先行赔付在目前立法框架下不是强制性义务，如何因势利导地鼓励相关方主动先行赔付就显得至关重要。否则，考虑到民商事主体的自利性，纯倡导性的先行赔付规则很可能被束之高阁，制度价值和立法目标也就成为无源之水、无本之木了。

三、制度落地的几点建议

那么如何充分发挥先行赔付制度在投资者保护方面的优势和作用？

首先，适当降低先行赔付成本。作为自由市场的"经济人"，主动向投资者进行先行赔付"是否划算"无疑是先行赔付主体首先会考虑的"经济账"。对此，后续配套规定中可考虑在确定先行赔付的责任大小和范围时，予以适当限制并采用对先行赔付方相对友好的计算标准。若先行赔付的金额与预估的司法裁判结果相当甚至更高，该等赔付主体很难有足够的动力进行先行赔付。同时，应适当减轻先行赔付方在行政监管层面的法律责任，可以在《行政处罚法》的框架下，进一步制定配套细则时明确规定先行赔付行为可适用从轻、减轻处罚规则。此外，可以推动和发展证券公司等中介机构的执业保险，利用市场机制进一步化解先行赔付主体的偿付风险（实践中已有保险机构推出"保荐机构先行赔付责任保险"）。

其次，切实保障先行赔付人的追偿权。新《证券法》规定先行赔付人赔付后，可以依法向发行人以及其他连带责任人追偿。但结合前期的先行赔付探索性实践，先行赔付人的追偿权如何得以保障一直是实践中的难点（"欣泰电气案"中，先行赔付人于2017年起诉向欣泰电气及相关责任主体进行追偿，但该案至今仍未获判决）。在协商不成的情况下，如何确定众多责任主体的过错程度、责任大小，进而划分该等责任主体之间各自应承担的赔偿份额？若先行赔付金额超过了民事诉讼实际需要承担的金额，对于超出部分是否可以向其他主体追偿？希望该等法律实务问题在后续配套规定及司法实践中尽快予以明确，以解决先行赔付方的后顾之忧。

最后，建议配套出台其他方面的激励机制，特别是对于虽然权责往往不甚匹配，但由于资金实力、监管和市场约束等多种原因而相对更有赔付意愿（更有先行赔付压力）的主体——证券公司而言，可考虑在评级、创新业务开展、市场诚信档案数据库建设等方面，适当将践行先行赔付情况作为考量因素之一。

当然，先行赔付本质上是一种便利投资者获得赔偿的替代性制度安排，要从根本上解决欺诈发行和虚假陈述等重大证券违法行为所带来的投资者保护问题，还是要加大对实施违法行为的主体及有关责任人的惩罚力度。在行政处罚威慑力不足时（特别是对那些故意规避民事赔偿责任的当事人），可以考虑进一步加重并压实欺诈发行、虚假陈述等重大证券违法行为人的刑事责任，同时在认定违法后果和情节严重性时，将其是否参与先行赔付或是否足额进行民事赔偿作为重要考虑因素。

总体而言，本次《证券法》修订关于先行赔付制度的设计立足实践，比较务实，符合我国证券市场循序渐进的改革思路。如何保障这一具有中国特色的投资者保护制度在操作中"落地生根"，将进一步考验司法、监管和市场相关各方的智慧。相信随着未来相关配套规则和司法实践的完善，先行赔付制度会在我国证券投资者保护方面发挥不可或缺的作用。

第三部分　知识问答篇

专题一　证券公开发行注册制

一、新《证券法》确立的证券发行注册制度包含哪些方面?

新《证券法》以市场化、法治化为导向,充分吸收了科创板试点注册制的主要制度实践,构建了前后呼应的证券发行注册制度安排。不仅包括证券公开发行环节涉及的发行条件、信息披露要求和发行注册程序,还包括证券发行承销制度、持续信息披露制度、上市公司收购与退市制度、交易制度、投资者保护制度、中介机构和证券服务机构履职制度和证券违法行为追责制度等。可以说,《证券法》本次修订,以全面推行证券发行注册制为龙头,作出了系统性的制度改革完善,为全面实施注册制提供了良好的法制条件。

二、目前已经实行公开发行注册制的证券品种有哪些?

新《证券法》确立了全面推行、分步实施证券发行注册制度的原则,公开发行注册的具体办法由国务院规定。根据新《证券法》和《关于在上海证券交易所设立科创板并试点注册制的实施意见》的规定,在科创板上市的股票、存托凭证等品种继续实行公开发行注册制;根据新《证券法》和《国务院办公厅关于贯彻实施修订后的证券法有关工作的通知》(以下简称《国办通知》),自2020年3月1日起,公司债券公开发行实行注册制,依法经中国证监会或者国家发展改革委注册。在证券交易所有关板块和国务院批准的其他全国性证券交易场所的股票公开发行实行注册制前,继续实行核准制,适用本次《证券法》修订前股票发行核准制度的规定。

三、新《证券法》对股票公开发行上市条件作了哪些精简优化?

公开发行注册制的一个核心要义,是真正把选择权交给市场。新《证券法》对股票公开发行条件做了精简优化，将可以由投资者判断的事项转化为严格的信息披露要求，大力推动直接融资，增强资本市场支持实体经济发展的能力。

一是增强包容性。将"具有持续盈利能力"修改为"具有持续经营能力"，允许尚未实现盈利的企业公开发行并上市；不再将依法实施员工持股计划的员工人数计算在向特定对象发行证券范围内，进一步为企业在公开发行上市前依法实施员工持股计划扫清了制度障碍。这一规定也将直接在科创板实施。

二是提升透明度。将"最近三年财务会计文件无虚假记载"修改为"最近三年财务会计报告被出具无保留意见审计报告"；将"无其他重大违法行为"修改为"发行人及其控股股东、实际控制人最近三年不存在贪污、贿赂、侵占财产、挪用财产或者破坏社会主义市场经济秩序的刑事犯罪"，将原来需要作出较多实质判断的发行条件优化为具体、客观的执行标准。

三是注重统筹性。新《证券法》调整了上市公司发行新股制度，不再区分公开与非公开发行。上市公司发行新股时，无论是否面向特定对象发行，均不适用首次公开发行条件，由中国证监会规定发行条件和具体管理办法。

四是取消法定上市条件。新《证券法》删除了股票上市法定条件和报送文件的规定，改为由证券交易所作出规定，并明确了上市条件应当具备的要素。

四、新《证券法》对公司债券公开发行上市条件作了哪些精简优化？

新《证券法》按照注册制的理念和要求，对公司债券公开发行上市条件作了大幅精简优化，《国办通知》对公司债券公开发行上市条件进一步做了明确。

一是取消了对发行人净资产、累计债券余额、债券利率水平的硬性限制。不再要求"股份有限公司的净资产不低于人民币三千万元，有限责任公司的净资产不低于人民币六千万元"，"累计债券余额不超过公司净资产的百分之四十"以及"债券的利率不超过国务院限定的利率水平"的硬性规定，转为要求发行人"具备健全且运行良好的组织机构"。《国办通知》进一步作出衔接规定，要求发行人应当具有合理的资产负债结构和正常的现金流量。

二是募集资金投向和变更用途更为灵活宽松。不再将"募集的资金投向符合国家产业政策"作为发行条件，在《国办通知》中转为鼓励公开发行公司债券的募集资金投向符合国家宏观调控政策和产业政策的项目建设；募集资金按照公司债券募集办法中所列资金用途使用，经债券持有人会议作出决议方可改变资金用途，但不得用于弥补亏损和非生产性支出。

三是简化了公开发行注册申请文件，取消了"资产评估报告"和"验资报告"两项申请文件。

四是放宽再次公开发行公司债券的限制。对于发行人前一次公开发行的公司债券尚未募足的，不再将其作为再次公开发行公司债券的限制条件。

五是法定上市条件。新《证券法》删除了"公司债券的期限为一年以上""公司债券实际发行额不少于五千万元"等法定上市条件，改为由证券交易所作出规定，并明确了上市条件应当具备的要素。

五、证券公开发行注册的实施程序是怎样的？

新《证券法》对注册制的实施程序作出了基础性规定，由证券品种的相应监管机构负责注册，并可以由证券交易所等主体根据国务院的规定开展具体审核，《国办通知》进一步明确了注册审核架构。

一是审核环节。由中国证监会指定的证券交易所等机构、国家发展改革委指定的机构按照规定受理、审核公开发行证券申请，判断发行人是否符合发行条件、信息披露要求，督促发行人完善信息披露内容，根据审核情况提出同意发行或终止审核的意见。

二是注册环节。中国证监会、国家发展改革委收到有关机构报送的审核意见、发行人注册申请文件及相关审核资料后，履行发行注册程序。

三是注册期限。国务院证券监督管理机构或者国务院授权的部门应当自受理证券发行申请文件之日起 3 个月内，依照法定条件和法定程序作出予以注册或者不予注册的决定，发行人根据要求补充、修改发行申请文件的时间不计算在内。

四是授权安排。新《证券法》规定证券公开注册的具体办法由国务院规定。《国办通知》在作出规定的同时，进一步授权中国证监会、国家发展改革委制定发布相关证券公开发行注册的具体管理办法。

上述规定，充分吸收了科创板试点注册制的主要实践。科创板试点注册制，即采取了交易所负责发行上市审核、中国证监会负责注册的组合模式。由上海证券交易所受理企业公开发行股票并上市的申请，审核并判断企业是否符合发行条件、上市条件和信息披露要求，并作出同意或者不同意发行人股票或者存托凭证公开发行并上市的审核意见，并严格遵循自受理申请文件之日起3个月内形成审核意见的时限要求。科创板证券公开发行注册的具体管理办法，由中国证监会制定并发布。

六、证券公开发行注册中的发行上市审核有哪些机制和特点？

目前，上海证券交易所分别在科创板和公司债券两个领域，依法实施证券公开发行上市审核。在科创板的发行上市审核实践中，形成了如下审核机制。

一是问询式审核。在公开发行注册制的发行上市审核中，交易所主要通过向发行人提出审核问询、发行人回答问题方式开展审核工作，判断发行人是否符合发行条件、上市条件和信息披露要求。发行人和中介机构答复问询的内容，也纳入信息披露范畴，承担相应法律责任。

二是分行业审核。审核机构根据不同科创行业的发展情况和风险特征设置若干行业审核小组，对发行上市申请实行分行业审核。

三是电子化审核。公开发行上市申请、受理、问询、回复，以及业务咨询、预约沟通等事项通过发行上市审核业务系统办理，同时实现全程留痕。

四是透明化审核。审核标准、审核进度、审核内容、审核结果及时通过网站向市场公开，将发行人及其保荐机构的发行上市申请，以及审核机构的发行上市审核工作置于全市场、全社会监督之下。

五是可预期审核。除规定的例外事项外，交易所发行上市审核用时不超过3个月，发行人和中介机构的问询回复总用时也不超过3个月，保障了发行上市审核环节的可预期性。

七、公开发行注册制中各方权利义务是如何配置的？

公开发行注册制下，以信息披露为核心，重新配置各方主体权利、义务和责任。

一是发行人要"讲清楚"，承担第一位主体责任，要对信息披露的真实、准确、完整负责。

二是中介机构要"核清楚"，要对信息披露真实、准确、完整进行核查验证，承担好把关责任。

三是审核机构要"问清楚"，要从投资者需求出发，从信息披露充分、一致、可理解的角度，进行公开化的审核问询，督促发行人和中介机构保证信息披露的合规性，提高信息披露的有效性。

四是投资者要"想清楚"，在发行人充分披露与投资决策相关的信息和风险后，自行判断是否要买卖企业发行的股票、以什么价格购买，购买之后要自担风险。

五是监管机构和司法机关要"查清楚"，对于欺诈发行、信息披露违法违规行为，要求查清事实、严格执法、依法追究法律责任。

八、公开发行注册制对信息披露有什么具体要求？

落实好注册制，核心是增强信息披露，提高透明度，让投资者自主进行价值判断，让企业接受市场的严格选择。新《证券法》全面强化了信息披露要求。

一是强化了信息披露的合规性，明确发行人报送的证券发行申请文件应当充分披露投资者作出价值判断和投资决策所必需的信息，内容应当真实、准确、完整。

二是强化了信息披露的有效性，要求信息披露义务人披露的信息简明清晰，通俗易懂。也就是说，信息披露的用词和表达，应当与广大投资者的通常认知水平和理解能力相匹配，浅白平实，便于阅读和理解，不能"曲高和寡"无人识。

三是抓住"关键少数"的披露义务。发行人存在信息披露违法违规行为的，控股股东和实际控制人将按照过错推定原则承担相应法律责任；控股股东或者实际控制人不配合发行人履行信息披露义务致使发行人存在信息披露违法违规行为，或者纵容、指使、协助发行人造假的，将承担直接法律责任。

四是压严压实中介机构把关责任。保荐人应当遵守业务规则和行业规范，诚实守信，勤勉尽责，对发行人的申请文件和信息披露资料进行审慎核查，督导发行人规范运作；会计师事务所、律师事务所等证券服务机构应当对本专业相关事项履行特别注意义务，对其他专业事项履行普通注意义务。

九、新《证券法》规定的责令回购制度包括哪些内容？

新《证券法》规定了证券欺诈发行责令回购制度，加大对违法违规行为主体的追责力度，加强对受害投资者的权利救济。

一是规定了适用情形，即股票的发行人在招股说明书等证券发行文件中隐瞒重要事实或者编造重大虚假内容，且股票已经发行并上市。

二是规定了有权主管部门，中国证监会可以针对欺诈发行责任人作出相关的责令购回决定。

三是规定了责任主体和回购方式，包括发行人回购证券，或者负有责任的控股股东、实际控制人买回证券。

欺诈发行责令回购制度，有助于提高投资者权利救济的实效性，对发行人和控股股东、实际控制人也能形成有效的威慑。在科创板试点注册制的配套制度中，也已作出相应规定。

十、新《证券法》对证券公开发行承销制度作了哪些修改完善？

市场化的发行承销机制，是注册制实施的有机组成部分。为了提升发行承销行为的规范性，新《证券法》吸收了监管实践中形成的规范要求，同时提高了发行承销方式的灵活性。

一是强化了证券公司承销证券的行为规范，不得进行虚假的或者误导投资者的广告宣传或者其他宣传推介活动，不得以不正当竞争手段招揽承销业务；并进一步明确了证券公司从事不当承销行为给其他证券承销机构或者投资者造成损失的，应当依法承担赔偿责任。

二是取消了向不特定对象发行证券票面总额超过 5000 万元时应当由承销团承销的规定，改为由发行人和承销商自主决定是否聘请承销团；发行人聘请承销团的，承销团应当由主承销商和参与承销的证券公司组成。

（由《证券学苑》编辑部整理汇编）

专题二　证券上市交易制度

一、新《证券法》对上市制度作了哪些调整？现行上市制度的实施有哪些具体安排？

原《证券法》对于股票、公司债券等证券在证券交易所上市，规定了具体的上市条件。此外，还就聘请上市保荐人、申请上市应报送文件以及上市公告等事项作了要求。

新《证券法》不再具体规定上市条件，明确由证券交易所上市规则作出规定；同时，明确上市规则规定的上市条件要就发行人的经营年限、财务状况、最低公开发行比例和公司治理、诚信记录等提出要求。此外，新《证券法》也不再规定上市保荐人、申请上市应报送文件以及上市公告等事项。

以科创板为例，《上海证券交易所科创板股票上市规则》中除了从股本总额、公开发行股份比例等指标角度规定了通用的上市条件外，还规定了五项市值及财务指标，以包容不同类型科创企业的上市需求。同时也就红筹企业、具有表决权差异安排企业上市规定了相应的上市标准，以适应这些企业申请在科创板上市。

需要说明的是，聘请上市保荐人、上市相关文件报送和披露等虽然不再是《证券法》具体规范的事项，但上海证券交易所主板、科创板上市规则中对上市保荐人、上市相关文件报送和披露作出了规范要求，公司申请上市时仍应当遵守相关规则的规定。

二、新《证券法》对退市制度作了哪些调整？现行退市制度的实施有哪些具体安排？

原《证券法》规定了股票、公司债券先暂停上市、后终止上市的程序，并具体规定了暂停上市、终止上市情形。新《证券法》不再规定具体的终止上市情形，改为由证券交易所上市规则作出规定；取消了证券暂停上市制度，对于出现上市规则规定的终止上市情形的，由证券交易所按照业务规则终止其上市交易。

上海证券交易所已及时发布有关通知，对股票、债券等上市品种的退市规则实施，分别作了安排。

一是在上海证券交易所对相关业务规则予以修订前，在上海证券交易所上市的股票及可转换公司债券的暂停上市、恢复上市和终止上市等事宜，仍按照现行《上海证券交易所股票上市规则》等有关规定执行。

二是自 2020 年 3 月 1 日起，在上海证券交易所上市的债券（不含可转换公司债券）不再实施暂停上市制度；已经暂停上市的债券，发行人应当按照上海证券交易所有关规定确定债券交易方式，并及时公告。

三、新《证券法》关于退市制度的修改要求如何在上市规则中体现？

新《证券法》不再规定证券退市的具体情形及暂停上市等实施程序，明确由证券交易所进行规定，为完善退市制度留下了充足的法律空间。

目前，科创板上市规则关于退市制度的设计，已较好地体现了新《证券法》的要求，丰富了退市指标，简化了退市程序，取消了暂停上市和恢复上市环节。主板市场已形成包括重大违法强制退市在内的多元退市指标体系和持续、有力的规则执行机制。上海证券交易所将根据多层次资本市场和注册制改革推进的安排，从完善资本市场生态环境、提高上市公司质量入手，积极研究推进主板市场退市制度改革，并就新旧退市制度实施的过渡期作出妥善衔接安排。

四、新《证券法》对股份减持制度作了哪些新规定？

上市公司股份减持制度是资本市场重要的基础性制度，对于稳定上市公司治理、维护二级市场稳定、保护投资者特别是中小投资者合法权益具有十分重要的作用。

新《证券法》从基本法层面建立健全了股份减持制度。一是明确了股份限售期的基本要求，即依法发行的证券，《公司法》和其他法律对其转让期限有限制性规定的，在限定的期限内不得转让。二是增加了有关上市公司股份减持的授权规定，明确持股 5% 以上的股东、实际控制人、董事、监事、高级管理人员、持有发行人首次公开发行前发行的股份的股东、上市公司向特定对象发行股份的股东等相关主体应当遵守法律、行政法规、中国证监会以及交易所业务规则关于减持的规定。

目前，我国已经形成了包括《公司法》、《证券法》、中国证监会的规章、规范性文件和证券交易所自律规则在内的关于控股股东、持股 5% 以上股东及董事、监事、高级管理人员减持股份的规则体系，确立了以锁定期安排和后续减持比例限制、信息披露要求为基础的减持制度。

作为股份减持制度的重要组成部分，近期中国证监会、沪深交易所修订完善了创业投资基金反向挂钩的相关制度规则，完善了创业投资基金股份减持、退出渠道，畅通 "投资—退出—再投资" 良性循环，促进创业资本形成，更好地发挥创业投资对于支持中小企业、科创企业创业创新的作用。

五、新《证券法》对证券从业人员买卖股票作了哪些新规定？

为了保证证券交易的公平、公正、公开，防范证券从业人员滥用信息优势、防范利益冲突，证券法对证券从业人员买卖股票作了限制性规定，新《证券法》予以进一步强化。

一是将具有股权性质的证券（如存托凭证）纳入禁止买卖证券范围，不再仅限于股票。

二是明确了实施股权激励计划或者员工持股计划的证券公司从业人员，可按规定持有、卖出本公司股票或者其他具有股权性质的证券。

六、新《证券法》从哪些方面完善了短线交易监管制度？

新《证券法》从以下三个方面完善了短线交易监管制度的规定。

一是对短线交易主体认定执行 "实际持有" 标准。实践中，部分上市公司大股东、董事、监事、高级管理人员利用近亲属账户或他人账户进行短线交易，规避原《证券法》对主体范围的规定。新《证券法》对此作出了针对性完善，明确了在计算董事、监事、高级管理人员、自然人股东持有的股票或者其他具有股权性质的证券时，将前述人员的配偶、父母、子女持有的及利用他人账户持有的相关证券纳入短线交易计算范围。

在主体范围上的另一个变化是，将新三板挂牌公司的董事、监事、高级管理人员和大股东也纳入短线交易适用范围。

二是扩展了短线交易适用证券范围，在原来规定的"股票"之外，新增了"其他具有股权性质的证券"，如存托凭证。

三是授权中国证监会对短线交易豁免作出规定，为将一些主观上没有进行短线交易的目的、客观上没有对上市公司和股东合法权益造成侵害的正常交易行为豁免认定为短线交易，提供了制度空间。

七、新《证券法》对于加强程序化交易监管作了哪些安排？

通过计算机程序自动生成或者下达交易指令进行的程序化交易，既有改善市场流动性提高市场价格发现效率的积极作用，也存在可能影响证券交易所系统安全或者正常交易秩序的风险。

新《证券法》专门针对程序化交易作出了规范：一是在交易行为方面，明确应当符合中国证监会的规定；二是在信息报告方面，从事程序化交易的投资者应当向证券交易所报告；三是在行为影响方面，明确程序化交易不得影响证券交易所系统安全或者正常交易秩序。

下一步，上海证券交易所将根据中国证监会的统一部署，建立程序化交易报告制度，进一步加强对程序化交易活动的日常监管。

八、新《证券法》从哪些方面完善了内幕交易监管制度？

我国《证券法》严格禁止证券交易内幕信息的知情人和非法获取内幕信息的人利用内幕信息从事证券交易活动，规定了内幕交易行为人的行政法律责任和民事赔偿责任，我国《刑法》也对内幕交易行为人的刑事法律责任作出了规定。新《证券法》进一步完善了内幕交易监管制度。

一是扩展内幕信息知情人范围。增列下列主体作为内幕信息知情人：（1）发行人、发行人实际控制的公司及其董事、监事、高级管理人员以及与公司有业务往来可以获取内幕信息的人员；（2）上市公司收购人、重大资产交易方及其控股股东、实际控制人等主体；（3）对上市公司及其收购、重大资产交易进行管理的有关主管部门、监管机构的工作人员。同时，对证券交易场所、证券公司、证券登记结算机构、证券服务机构、国务院证券监督管理机构中内幕信息知情人的范围作出具体规定。

二是对内幕信息的范围加以完善，将内幕信息的范围与上市公司重大事件的范围一致规定。证券交易活动中，涉及发行人的经营、财务或者对该发行人证券的市场价格有重大影响的尚未公开的信息，都属于内幕信息。例如，新《证券法》第八十条第二款规定的公司的经营方针和经营范围的重大变化，公司的重大投资行为，公司订立重要合同、提供重大担保或者从事关联交易，等等。

为了落实新《证券法》对加强内幕交易监管的要求，上海证券交易所近期专门制定了《内幕信息知情人报送指引》，对上市公司报送内幕信息知情人工作中涉及应当报送的事项情形及报送范围、报送时间、填报具体要求等事宜作出了具体规定，着力改进上市公司内部控制和信披管理，防范打击内幕交易。

九、新《证券法》对于利用未公开信息交易的监管作了哪些规定？

为了加强对金融机构从业人员等利用未公开信息从事非法交易活动（俗称"老鼠仓"）的监管，新《证券法》首次增加了禁止利用未公开信息交易的规定。

一是明确了主体范围，具体包括证券交易场所、证券公司、证券登记结算机构、证券服务机构和其他金融机构的从业人员、有关监管部门或者行业协会的工作人员。

二是明确了行为规范，禁止前述人员利用因职务便利获取的、内幕信息以外的其他未公开的信息，违反规定从事与该信息相关的证券交易活动，或者明示、暗示他人从事相关交易活动。

三是明确了法律责任，利用未公开信息进行交易给投资者造成损失的，应当依法承担民事赔偿责任，以及没收违法所得、罚款等行政法律责任；对于中国证监会工作人员违反规定的，还将从重处罚。

除了本次《证券法》修订加强对未公开信息交易的立法规制外，前期《刑法修正案（七）》已经规定了"利用未公开信息交易罪"相关罪名，

2019 年最高人民法院、最高人民检察院联合出台了《最高人民法院　最高人民检察院关于办理利用未公开信息交易刑事案件适用法律若干问题的解释》，进一步完善法律适用，加强对未公开信息交易犯罪的刑事责任约束。

十、新《证券法》从哪些方面完善了操纵市场行为的监管？

操纵市场、误导和欺诈市场投资者、损害投资者的合法权益、扰乱资本市场秩序，是我国《证券法》《刑法》严厉打击和规制的证券违法犯罪活动。新《证券法》结合近年来操纵市场监管执法中面临的新情况、新问题，完善了操纵市场行为规定。

一是完善了操纵市场行为的构成要件，将采取了操纵市场交易手段、意图影响证券交易价格或者证券交易量的操纵行为，纳入法律规制范围，加强法律约束。

二是将四类近年来新出现的、对市场危害较大、投资者反映较为强烈的操纵市场行为纳入规制范围，包括：（1）不以成交为目的，频繁或者大量申报并撤销申报，俗称"幌骗操纵"；（2）利用虚假或者不确定的重大信息，诱导投资者进行证券交易，即"信息型操纵"；（3）对证券、发行人公开作出评价、预测或者投资建议，并进行反向证券交易，俗称"抢帽子交易"；（4）利用在其他相关市场的活动操纵证券市场，即"跨期现市场操纵"。

十一、新《证券法》为了规范资本市场信息传播行为作了哪些规定？

近年来，一些股市"黑嘴"利用微博、微信等自媒体，滥用社会影响力，编造、传播虚假信息，违法从事投资咨询业务，误导投资者参与交易，牟取非法收益，严重扰乱了资本市场信息传播秩序和公平交易秩序。为此，新《证券法》作了针对性规范。

一是扩大规制对象。原《证券法》规定的适用对象为"国家工作人员、传播媒介从业人员和有关人员"，新《证券法》将主体范围从特殊主体扩展为一般主体，禁止任何单位和个人编造、传播虚假信息或者误导性信息，扰乱证券市场。

二是强调禁止误导。规范各种传播媒介行为，要求传播媒介传播证券市场信息必须真实、客观，禁止误导。

三是防范利益冲突。传播媒介及其从事证券市场信息报道的工作人员不得从事与其工作职责发生利益冲突的证券买卖。

四是强化责任约束。编造、传播虚假信息或者误导性信息，扰乱证券市场，给投资者造成损失的，应当依法承担赔偿责任，监管机构也可以对其采取没收违法所得或罚款等行政处罚。

十二、新《证券法》对证券账户实名制作了哪些规定？

为了规范证券账户管理，防范证券账户被用于从事非法证券交易活动，维护投资者合法权益，新《证券法》从多个角度对证券账户实名制作了规定。

一是实名开户。投资者向证券登记结算机构申请开立账户，应当持有证明中华人民共和国公民、法人、合伙企业身份的合法证件。证券公司为投资者开立账户，应当按照规定对投资者提供的身份信息进行核对。投资者应当使用实名开立的账户进行交易。

二是禁止出借或者借用账户。一方面是规范证券公司行为，要求证券公司不得将投资者的账户提供给他人使用；另一方面规范投资者行为，要求任何单位和个人不得违反规定，出借自己的证券账户或者借用他人的证券账户从事证券交易。

三是明确相关法律责任。证券公司未对投资者开立账户提供的身份信息进行核对或者将投资者的账户提供给他人使用的，要承担责令改正、给予警告和罚款等行政责任。投资者违反规定出借自己的账户或者借用他人账户从事证券交易的，可以给予 50 万元以下的罚款。

（由《证券学苑》编辑部整理汇编）

专题三 信息披露

一、新《证券法》就"信息披露"设置了专章作了哪些整体安排？

信息披露是注册制的内核。新《证券法》将原来的"持续信息披露"从"证券交易"一章中独立出来，以此为基础，将发行上市环节及持续监管环节的信息披露予以集中规定，进一步夯实、明确了信息披露的基本原则和要求，扩充了义务主体范围，补充了具体披露事项，增加了自愿披露等类型，拓宽了信息披露渠道，强化了信息披露违法违规行为的民事责任，多维度构建了完整、系统的信息披露制度体系，突出了信息披露贯穿证券发行、上市和交易全过程的重要性和连贯性。

二、新《证券法》在信息披露基本原则和要求方面有哪些新的规定？

新《证券法》在强调信息披露应当真实、准确、完整的基础上，进一步强调了信息披露的有效性。对于发行上市及持续监管环节的信息披露，新《证券法》明确了以下基本原则和要求。

一是充分披露。发行人报送的证券发行申请文件，应当充分披露投资者作出价值判断和投资决策所必需的信息，内容应当真实、准确、完整。

二是及时披露。发行人及法律、行政法规和中国证监会规定的其他信息披露义务人，应当及时依法履行信息披露义务。公司的控股股东或者实际控制人应当及时告知重大事项信息，配合公司履行信息披露义务，董事、监事和高级管理人员应当保证发行人及时披露信息。

三是简明披露。信息披露义务人披露的信息，应当简明清晰，通俗易懂，以此使信息披露在内容安排、语言表述、格式体例等方面便于投资者的阅读和理解，提升信息披露的有效性。

四是公平披露。除法律、行政法规另有规定的外，信息披露义务人披露的信息应当同时向所有投资者披露，不得提前向任何单位和个人泄露。

任何单位和个人不得非法要求信息披露义务人提供依法需要披露但尚未披露的信息。任何单位和个人提前获知的前述信息，在依法披露前应当保密。

五是同步披露。证券同时在境内境外公开发行、交易的，其信息披露义务人在境外披露的信息，应当在境内同时披露。

三、新《证券法》将哪些主体纳入信息披露义务人范畴？

新《证券法》扩大了信息披露义务人的范围。我们通常理解，发行人是信息披露的第一义务人。新《证券法》将发行人的范围扩大了，把公开发行证券的公司、上市公司、公司债券上市交易的公司、股票在国务院批准的其他全国性证券交易场所交易的公司，统一称为"发行人"，并授权法律、行政法规和中国证监会规定其他信息披露义务人。

发行人的信息披露，更多依赖于董事、监事、高级管理人员勤勉尽责，控股股东和实际控制人积极配合。为此，新《证券法》将控股股东、实际控制人与发行人董事、监事、高级管理人员一起，纳入信息披露义务人范围，并授权法律、行政法规和中国证监会规定其他信息披露义务人。此外，作出公开承诺的主体，也是信息披露义务人，需要予以披露并履行承诺。

在现行的证券法律、法规和部门规章中，已经规定了多个领域的信息披露义务人。例如，《上市公司重大资产重组管理办法》规定，重大资产重组的交易对方应当及时向上市公司提供本次重组的相关信息，并保证所提供的信息真实、准确、完整。这当中的"重大资产重组交易对方"，即属于新《证券法》规定的信息披露义务人范围。

四、新《证券法》对上市公司披露定期报告的规定作了哪些调整？

定期报告是上市公司法定的信息披露义务。为了进一步提高证券市场透明度，新《证券法》进一步完善了定期报告制度。

一是明确年度财务会计报告的审计要求。新《证券法》首先重申了原《证券法》的规定，上市公司应当在每一会计年度结束之日起四个月内，报送并公告年度报告；同时，新增年度财务会计报告应当经会计师事务所审计的要求，该会计师事务所也要符合新《证券法》的规定，经中国证监会和国务院有关主管部门备案。

二是授权中国证监会和证券交易场所规定定期报告的内容和格式，上市公司编制定期报告时，应当遵守这些内容和格式要求。

五、在股票方面，新《证券法》对上市公司应当披露的重大事件作了哪些补充？

发生可能对上市公司的股票交易价格产生较大影响的重大事件时，上市公司应当以临时报告的形式向市场披露。新《证券法》落实以信息披露为核心的注册制，同时根据市场实践情况，进一步完善重大事件的披露要求。

一是细化交易类披露要求。首先，明确重大投资行为的认定标准，重大投资行为是指公司在一年内购买、出售重大资产超过公司资产总额百分之三十，或者公司营业用主要资产的抵押、质押、出售或者报废一次超过该资产的百分之三十，达到这一标准的要及时予以披露；其次，明确将可能对公司资产、负债、权益和经营成果产生重要影响的公司重大担保、关联交易事项纳入应予披露范围。

二是增加关于实际控制人从事相同或者相似业务的披露要求。对于公司的实际控制人及其控制的其他企业从事与公司相同或者相似业务的情况发生较大变化的，公司应当予以披露。

三是细化公司股本、生产经营等发生重大变化的披露要求。新《证券法》增加对公司分配股利、增资的计划，公司依法进入破产程序、被责令关闭，以及公司股权结构的重要变化的披露要求。

四是细化涉及公司的重大纠纷的披露要求。对于发生涉及公司的仲裁事件，或者公司的控股股东、实际控制人被依法采取强制措施的，公司应当予以披露。

六、在债券方面，新《证券法》对公司债券上市交易的公司应当披露的重大事件作了哪些具体规定？

新《证券法》将可能影响公司债券交易价格的重大事件用专门的一条条文作了规定，作为债券发行人临时报告的标准。

一是明确了基本要求。即发生可能对上市交易公司债券的交易价格产生较大影响的重大事件，投资者尚未得知时，公司应当立即将有关该重大事件的情况向中国证监会和证券交易场所报送临时报告，并予公告，说明事件的起因、目前的状态和可能产生的法律后果。

二是规定了重大事件范围。具体包括：（一）公司股权结构或者生产经营状况发生重大变化；（二）公司债券信用评级发生变化；（三）公司重大资产抵押、质押、出售、转让、报废；（四）公司发生未能清偿到期债务的情况；（五）公司新增借款或者对外提供担保超过上年末净资产的百分之二十；（六）公司放弃债权或者财产超过上年末净资产的百分之十；（七）公司发生超过上年末净资产百分之十的重大损失；（八）公司分配股利，作出减资、合并、分立、解散及申请破产的决定，或者依法进入破产程序、被责令关闭；（九）涉及公司的重大诉讼、仲裁；（十）公司涉嫌犯罪被依法立案调查，公司的控股股东、实际控制人、董事、监事、高级管理人员涉嫌犯罪被依法采取强制措施；（十一）国务院证券监督管理机构规定的其他事项。

七、新《证券法》对发行人的控股股东、实际控制人履行信息披露义务作了哪些具体规定？

实践中，控股股东、实际控制人等组织、指使进行欺诈发行、虚假陈述，或者对重大事件的发生、进展产生重大影响，但隐瞒或者不配合上市公司履行信息披露义务的情形时有发生。为此，新《证券法》强化了对这些"关键少数"的规范。

一是明确披露义务。公司的控股股东或者实际控制人对重大事件的发生、进展产生较大影响的，应当及时将其知悉的有关情况书面告知公司，并配合公司履行信息披露义务。

二是实行过错推定的民事责任归责原则。信息披露义务人未按照规定披露信息，或者发行人存在欺诈发行或者虚假陈述，给投资者造成损失的，发行人的控股股东、实际控制人应当与发行人承担连带责任，但是能够证明自己没有过错的除外。

三是设定欺诈发行上市的证券买回义务。对于发行人存在欺诈发行的，中国证监会可以责令负有责任的控股股东、实际控制人买回证券。

四是加大信息披露违法的行政责任。对于发行人欺诈发行、未按规定履行信息披露义务或存在虚假陈述，发行人的控股股东、实际控制人组织、指使从事上述违法行为，或者隐瞒相关事项导致发生虚假陈述、未按照规定披露信息的，大幅提高了相应的行政处罚力度。

八、新《证券法》对董事、监事、高级管理人员的信息披露保证责任提出了哪些新要求？董事、监事、高级管理人员对证券发行文件和定期报告存在异议时，应当如何履行信息披露义务？

原《证券法》就董事、监事、高级管理人员的保证责任作了规定。新《证券法》在这一规定的基础上，根据市场监管实践，作了进一步修改完善。

一是扩大签署文件范围。除定期报告外，将发行人的证券发行文件纳入董事、监事、高级管理人员的签署范围，即将签署要求扩展至证券发行环节，不再限定于公司上市后的持续监管环节。

二是扩大签署主体范围。在原《证券法》要求监事会进行审核并提出书面审核意见的基础上，进一步要求监事也要对证券发行文件和定期报告签署书面确认意见。

三是扩大保证责任的内容。董事、监事、高级管理人员不仅要保证所披露信息的真实、准确、完整，也要保证发行人及时、公平地披露信息。

九、董事、监事、高级管理人员对证券发行文件和定期报告存在异议时，应当如何履行信息披露义务？

实践中，存在董事、监事、高级管理人员基于客观情况、难以对证券发行文件和定期报告内容承担保证责任，需要提出异议的情况。新《证券法》对此也作了明确规定。

一是允许提出异议。即允许在特殊情况下，董事、监事、高级管理人员无法保证证券发行文件和定期报告内容的真实、准确、完整或者存有异议的，可以提出异议。

二是要声明并依法披露。董事、监事、高级管理人员不能保证信息披露真实、准确、完整或者有异议的，应当在书面确认意见中发表意见并陈述理由，发行人应当予以披露。

三是允许直接申请披露。董事、监事、高级管理人员按照规定提出的异议意见理应由发行人披露。发行人不予披露的，董事、监事、高级管理人员可以直接申请披露。

十、新《证券法》对控股股东、实际控制人、董事、监事、高级管理人员的公开承诺作了哪些规定？

为了营造诚信的市场环境，切实保护中小投资者的合法权益，新《证券法》对控股股东、实际控制人、董事、监事、高级管理人员的公开承诺作了规定。

一是明确公开承诺要披露。发行人及其控股股东、实际控制人、董事、监事、高级管理人员等作出公开承诺的，应当予以披露。

二是纳入信息披露监管。作为信息披露的一部分，董事、监事、高级管理人员的公开承诺要遵守新《证券法》关于信息披露的相关规定，纳入证券监管机构和证券交易所信息披露监管范围。

三是规定不履行承诺要赔偿。控股股东、实际控制人、董事、监事、高级管理人员不履行承诺给投资者造成损失的，应当依法承担赔偿责任。

目前，《上海证券交易所股票上市规则》《上海证券交易所科创板股票上市规则》对控股股东、实际控制人、董事、监事、高级管理人员承诺的履行和披露作出了规定。发行人的控股股东、实际控制人、董事、监事、高级管理人员应当遵守这些规定。

十一、新《证券法》对自愿信息披露作出了什么安排？

自愿披露制度满足了上市公司结合自身经营模式、行业特点进行差异化、个性化信息披露的需求，有利于更好地保护投资者的知情权，挖掘公司潜在市场价值。但实践中，也存在滥用自愿信息披露，发布"贴热点"类公告，甚至配合二级市场进行股价炒作的违规行为，监管机构对此已纳入监管范围。新《证券法》基于监管实践，对自愿信息披露在基本法上作了明确和规范。

一是明确信息范围。除依法需要披露的信息之外，信息披露义务人可以自愿披露与投资者作出价值判断和投资决策有关的信息。

二是遵守基本原则。自愿信息披露也是信息披露义务人履行信息披露义务的一部分，也要遵守新《证券法》关于信息披露真实、准确、完整、及时、公平，简明清晰、通俗易懂等基本原则。

三是提出针对性要求。同时，新《证券法》加强了对自愿信息披露的约束，要求自愿披露的信息不得与法定披露信息相冲突，不得误导投资者。

十二、新《证券法》对信息披露法定媒体作了哪些调整？

原《证券法》规定了指定信息披露媒体制度，即依法必须披露的信息，应当在中国证监会指定的媒体发布，同时将其置备于公司住所、证券交易所，供社会公众查阅。基于互联网时代，信息传播媒介方式的革新，新《证券法》对指定信息披露媒体制度作了调整。

一是明确证券交易场所的网站属于信息披露法定媒体。

二是不再规定"指定的媒体"，改为符合中国证监会规定条件的媒体。

近期，中国证监会发布了《关于信息披露媒体有关规则过渡衔接的安排》（中国证券监督管理委员会公告〔2020〕16 号），明确中国证监会正在研究制定有关信息披露媒体条件的规则。在有关规则发布实施前，《证券法》所称"符合国务院证券监督管理机构规定条件的媒体"，暂按此前由中国证监会依据此次修订前《证券法》第七十条指定的媒体执行。

十三、新《证券法》对信息披露义务人违反信息披露的法律责任作了哪些新要求？

加大证券违法成本，特别是虚假陈述等违法信息披露的成本，是新《证券法》修改的重点之一。新《证券法》就信息披露义务人违法信息披露的法律责任作了以下四方面完善。

一是调整了发行人的控股股东、实际控制人的违法信息披露民事赔偿责任归责原则，将原来的过错责任改为过错推定责任，强化控股股东和实际控制人法律责任。

二是将信息披露义务人未按照规定披露信息，或者公告的证券发行文件、定期报告、临时报告及其他信息披露资料存在虚假记载、误导性陈述或者重大遗漏，致使投资者在证券交易中遭受损失的，均纳入承担虚假陈述民事责任的范围。

三是将保荐人、证券公司的直接责任人员纳入虚假陈述民事赔偿责任范围，依法也要承担连带民事赔偿责任，进一步强化个人责任。

四是大幅提高违法信息披露的行政责任。第一，加大违法信息披露责任的处罚力度，大幅提高信息披露违法罚款金额。将对发行人、上市公司的罚款由 30 万—60 万元调高至 50 万—500 万元；将相关责任人员的罚款由 3 万—30 万元调高至 20 万—200 万元。第二，强化了控股股东、实际控制人的责任，增加了隐瞒相关事项导致信息披露违法按照信息披露义务人及其相关责任人员标准承担行政责任的规定，提高了控股股东、实际控制人及其相关责任人员的处罚标准。

（由《证券学苑》编辑部整理汇编）

专题四　上市公司收购

一、新《证券法》对上市公司的权益变动作了哪些新规定？

上市公司收购和权益变动制度，有利于发挥证券市场的价格发现和资源配置功能，提升上市公司内部治理水平。近几年，资本市场"蒙面收购""恶意收购"乱象频出，市场反映强烈。新《证券法》根据市场实践，对权益变动制度进行了完善。

一是完善权益变动的限制交易期限规定。将持有表决权股份达到5%以后每增减5%的限制交易时限修改为"该事实发生之日起至公告后三日内"。

二是对权益变动披露和限制交易的豁免作出授权。实践中，某些持股变动情形可能导致持有表决权股份达到或超过5%，但其并不以收购目的，严格披露并停止买卖可能影响业务正常开展，新《证券法》授权中国证监会作出例外的豁免规定。

三是增加持股5%后每变动1%的披露规则。参考中国香港地区等成熟市场的规则，新《证券法》明确在持有表决权股份达到5%以后每增减1%的披露规则，要求在事实发生的次日报告上市公司并予以公告，但无须停止买卖。

四是新增违规增持股份表决权限制规定。违反关于持有表决权股份达到5%以及之后每增加5%的相应规定，买入上市公司有表决权股份的，在买入后的36个月内，对该超过规定比例部分的股份不得行使表决权。

2020年3月，中国证监会修改了《上市公司收购管理办法》和有关的权益变动报告书、上市公司收购报告书、要约收购报告书以及被收购公司董事会报告书等信息披露内容与格式准则，将新《证券法》有关上市公司收购和权益变动的新要求予以贯彻落实。沪深交易所也专门发布了《关于认真贯彻执行新〈证券法〉做好上市公司信息披露相关工作的通知》，提醒投资者和上市公司严格遵照执行新《证券法》的规定。

二、新《证券法》对权益变动报告披露内容作了哪些新要求？

为加强对上市公司收购中的大额持股账户和入市资金来源的合规性的管理，新《证券法》强化对权益变动的"穿透披露"，在权益变动披露报告中增加了两项披露内容，即增持股份的资金来源和股份变动时间及方式，更为清晰、完整地揭示收购资金来源、股份变动，充分提示可能存在的交易风险，强化市场约束。

三、新《证券法》对收购要约变更作了哪些限制性规定？

对于收购人发出收购要约后变更收购要约的，2014 年 8 月《证券法》修订时，取消了此前规定的变更收购要约行政许可，仅要求收购人进行披露。为了防止收购人滥用要约收购制度、扰乱交易秩序，本次《证券法》修改对收购要约变更作了进一步完善，强化了事中事后监管。

从实践来看，收购价格、收购股份数额和收购期限是收购要约的核心要素，与其他投资者的利益联系最紧密。因此，新《证券法》明确禁止降低收购价格、减少预定收购股份数额或缩短收购期限。同时，鉴于收购规则比较复杂，需要监管机构根据市场变化作出灵活规定，因此授权中国证监会规定变更收购要约不得存在的其他情形。

四、新《证券法》对要约收购义务豁免有何调整？

新《证券法》第七十三条取消了协议收购中要约收购义务豁免的行政许可，改为授权中国证监会对免除发出要约作出具体规定，收购人应当遵守这些规定。

为防止监管"真空"，强化中小投资者合法权益保护，2020 年 3 月修改的《上市公司收购管理办法》落实简政放权要求、增设"事中事后"监管机制，规定符合《上市公司收购管理办法》第六章规定的情形方可免于履行要约收购义务。同时明确，触及要约收购义务的，收购人应当在收购报告书摘要公告 5 日内，公告其收购报告书、财务顾问专业意见和律师出具的法律意见书。

中国证监会还将依托"全链条"监管机制，在收购报告书摘要公告后，由证券交易所就收购人是否符合法定免除情形开展问询、派出机构适时启动现场检查。通过强化事中事后监管，切实防止收购人滥用制度便利恶意规避要约收购义务，保护中小投资者权益。

五、新《证券法》对收购完成后的限售期有何调整？

新《证券法》第七十五条从保护中小股东和其他社会公众合法利益的角度出发，将收购中收购人持有的股份限售期从原有的十二个月延长至十八个月，适当延长收购人的股份持有期限，从而维护上市公司股权结构与治理机制的稳定。

另外，根据 2020 年 3 月修改的《上市公司收购管理办法》，在同一实际控制人控制的不同主体之间进行转让不受前述十八个月的限制。

六、新《证券法》对上市公司的分立与被其他公司合并作了哪些规定？

上市公司分立与合并，是公司组织形式的重大变更，对投资者投资决策和股票交易价格会产生较大影响。新《证券法》从上市公司持续信息披露的角度，对上市公司的分立与被其他公司合并作出了规定：一是明确了上市公司分立与被其他公司合并应当向中国证监会报告；二是明确了上市公司应当就此进行公告。

需要说明的是，上市公司实施合并、分立的核心环节均为发行股份（包括上市公司发行新股，或者上市公司的子公司公开发行存量股份），必须报经中国证监会许可。

（由《证券学苑》编辑部整理汇编）

专题五　投资者保护

一、新《证券法》在强化投资者保护方面作了那些突破和创新？

"保护投资者合法权益"是证券法的立法宗旨，"维护投资者合法权益"是证券监管的核心目标，一部《证券法》就是一部投资者保护之法。投资者保护的理念和宗旨，贯彻于证券发行、上市、交易、信息披露、监管等各个层面、各个环节。

新《证券法》基于我国资本市场以中小投资者为主的投资者结构，在《证券法》原有规定的基础上，加强了对中小投资者的倾斜性保护，设置"投资者保护"专章，规定了保护中小投资者的"硬核"措施，比如普通投资者与证券公司纠纷的举证责任倒置制度、股东权利征集制度、现金分红制度、债券持有人会议和受托管理人制度、先行赔付制度、投资者保护机构支持诉讼制度、以"退出制"为核心的特别代表人诉讼（中国特色的证券集体诉讼）制度等等。

二、新《证券法》就投资者适当性制度作了哪些具体规定？

投资者适当性管理是对中小投资者实施保护的有效措施，也是境内外市场普遍采用的一种制度安排。新《证券法》首次在法律层面建立了投资者适当性制度，对向投资者销售证券、提供服务的证券公司，以及购买证券或者接受服务的投资者，分别作了对应的规范要求。

一是"了解客户"。证券公司在向投资者销售证券、提供服务时，应当按照规定充分了解投资者的基本情况、财产状况、金融资产状况、投资知识和经验、专业能力等相关信息。

二是"风险匹配"。证券公司要如实向投资者说明证券、服务的重要内容，充分揭示投资风险；销售、提供与投资者自身状况相匹配的证券、服务。

三是"信息配合"。投资者应当配合证券公司，按照证券公司明示的要求提供个人的真实信息。拒绝提供或者未按照要求提供信息的，证券公司应当告知其后果，并按照规定拒绝向其销售证券、提供服务。

四是"卖者担责"。证券公司违反"了解客户"和"风险匹配"等上述规定的，既要承担罚款等行政法律责任，导致投资者损失的，还要承担相应的民事赔偿责任。

三、新《证券法》对投资者作了哪些分类？证券公司与普通投资者发生纠纷的，谁承担举证责任？

投资者分类制度是有效实施投资者适当性制度的基础。新《证券法》出台前，中国证监会制定的《证券期货投资者适当性管理办法》已经对投资者分类的具体标准作出了规定。

新《证券法》在吸收证券市场监管经验的基础上，将投资者分为普通投资者与专业投资者两类，明确分类的标准是财产、金融资产、投资知识和经验、专业能力等因素的综合考量，同时授权中国证监会具体规定专业投资者的标准。

为了给风险承受能力相对较低、投资专业知识和专业能力相对不足的普通投资者提供更为充分的保护，新《证券法》设置了"举证责任倒置"的机制，普通投资者与证券公司发生纠纷的，证券公司应当证明其行为符合法律、行政法规以及中国证监会的规定，不存在误导、欺诈等情形。如果证券公司不能证明的，要承担相应的赔偿责任。

四、根据新《证券法》，征集上市公司股东权利应该遵守哪些规定？

股东权利征集，有助于帮助中小投资者克服时间、成本方面的限制，更好地参与上市公司的公司治理活动。《上市公司治理准则》等制度对表决权征集作了规定，实践中独立董事征集委托投票权十分普遍。新《证券法》基于监管实践，从五个方面对股东权利征集制度作了规定。

一是征集主体。有权进行股东权利征集的是上市公司董事会、独立董事、持有百分之一以上有表决权股份的股东或者法定的投资者保护机构。

二是征集方式。征集人可以自行征集，也可以委托证券公司、证券服务机构协助征集。

三是征集对象。征集人可以公开请求上市公司股东委托其代为出席股东大会，并代为行使提案权、表决权等股东权利。

四是信息披露和行为规范。征集人应当披露征集文件，上市公司应当予以配合。禁止以有偿或者变相有偿的方式公开征集股东权利，以防止权利滥用。

五是法律责任。违法公开征集股东权利，要承担罚款等行政责任，导致上市公司或者其股东遭受损失的，应当依法承担赔偿责任。

五、新《证券法》对上市公司现金分红作了哪些规定？

持续、稳定的现金分红是投资者实现投资收益、增强投资者获得感的重要途径，是股东依照《公司法》享有资产收益权的体现方式。近年来，证券监管机构持续加强制度建设，多举措、多渠道积极引导、推动上市公司进行现金分红，取得了显著成效。根据公开资料，2019年，A股市场共有2608家上市公司进行现金分红，占全部上市公司数量的75.14%，分红总额为10180.48亿元。

新《证券法》对上市公司现金股利分配作出了规范，通过要求章程规定的方式，推动上市公司积极实施现金分红。一方面，规定了上市公司应当在章程中明确分配现金股利的具体安排和决策程序，依法保障股东的资产收益权。另一方面，规定了上市公司当年税后利润，在弥补亏损及提取法定公积金后有盈余的，应当按照公司章程的规定分配现金股利。

2019年修订的《上市公司章程指引》要求上市公司在章程中应当明确现金分红相对于股票股利在利润分配方式中的优先顺序、现金分红事项的决策程序和机制、现金分红政策的具体内容等。

六、新《证券法》对债券持有人会议和债券受托管理人制度作了哪些规定？

债券持有人会议和债券受托管理人制度是积极、有效保护债券市场投资者的重要机制。中国证监会制定的《公司债券发行与交易管理办法》对这两项制度作了全面规定。新《证券法》在法律层面确立了公开发行公司债券的持有人会议制度和受托管理人制度，夯实了债券投资者权益保护的制度基础，并作了以下三个方面的规定。

一是强化债券持有人大会制度。要求公开发行的公司债券设立债券持有人会议，作为债券投资者行使权利的平台。同时，要在募集说明书中披露持有人会议的召集程序、会议规则和其他重要事项。

二是明确债券受托管理人制度。要求公开发行的公司债券应当聘请债券受托管理人，规定债券受托管理人的资质条件，允许债券持有人会议可以变更债券受托管理人。

三是规定债券受托管理人诉讼地位。为了有效应对债券违约风险，保护好债券持有人权益，新《证券法》赋予债券受托管理人相应的诉讼地位，在民事诉讼和清算程序中，允许债券持有人委托债券受托管理人，以受托管理人自己名义代表债券持有人，提起、参加民事诉讼或者清算程序。解决了此前因与《民事诉讼法》的冲突，受托管理人诉讼地位不被认可的问题。

七、新《证券法》规定的先行赔付制度包括哪些内容？

先行赔付是中国首创的一项投资者权利救济措施。前期，在"万福生科案"、"海联讯案"和"欣泰电气案"三个案例中，已经积累了先行赔付的实践经验，对于快速填补广大中小投资者损失发挥了重要作用。新《证券法》在总结实践经验的基础上，在基本法律层面规定了先行赔付制度。

一是适用情形，即欺诈发行、虚假陈述或者其他重大违法行为。

二是先赔主体，承担先行赔付义务的主体为控股股东、实际控制人和相关的证券公司。

三是实现机制，先行赔付义务人委托投资者保护机构实现，通过与投资者就赔偿事宜达成协议，予以先行赔付。

四是追偿机制，先行赔付后，赔付人向发行人以及其他连带责任人追偿。

八、新《证券法》对中小投资者权益保护纠纷解决规定了哪些新举措？

为有效解决投资者特别是中小投资者权益有关的纠纷，新《证券法》

从多个渠道为投资者权益保护提供救济支持。

一是强制性证券调解。投资者与发行人、证券公司等发生纠纷的，双方可以向投资者保护机构申请调解。普通投资者与证券公司发生业务纠纷的，普通投资者提出调解请求的，证券公司不得拒绝。

二是投资者保护机构支持诉讼。对于侵害投资者权益的证券违法行为，投资者向违法行为人提出民事赔偿诉讼，存在起诉难、成本高等问题。新《证券法》明确投资者保护机构可以支持投资者提起诉讼。

三是投资者保护机构派生诉讼。现行《公司法》第一百五十一条就股东派生诉讼的股东资格规定了"连续一百八十日以上单独或者合计持有公司百分之一以上股份"的要求。为充分发挥投资者保护机构的功能，切实维护公司利益，保护公司整体股东权益，新《证券法》豁免了投资者保护机构提起派生诉讼的持股比例和持股期限限制，投资者保护机构只要持有公司股份、是公司的股东即可。投资者保护机构提起派生诉讼的类型包括两类：一类是发行人的董事、监事、高级管理人员执行公司职务时违反相关规定，给公司造成损失；另一类是发行人的控股股东、实际控制人等侵犯公司合法权益，给公司造成损失。

九、新《证券法》对证券民事赔偿诉讼机制作了哪些新突破？

证券侵权类纠纷案件，投资者诉讼人数较多、诉讼金额普遍较小、诉讼周期较长，投资者诉讼成本偏高。我国《民事诉讼法》针对当事人人数众多的群体性纠纷专门规定了代表人诉讼制度，但由于缺乏具体的实施细则以及此前司法条件的限制，代表人诉讼制度在证券纠纷实践中基本上长期处于休眠状态。为了化解这一难题，新《证券法》进一步强化和完善了证券代表人诉讼制度，建立了以"退出制"为核心的特别代表人诉讼制度。

一是规定证券民事诉讼可以适用代表人诉讼制度。在我国现行《民事诉讼法》代表人诉讼制度基础上，新《证券法》进一步强调虚假陈述等证券民事诉讼，标的是同一种类，且当事人一方人数众多的，可以依法推选代表人进行诉讼。

二是代表人诉讼裁判对登记的投资者发生效力。对可能有相同诉讼请求的其他众多投资者的，人民法院可以发出公告，说明该诉讼请求的案件情况，通知投资者在一定期间向人民法院登记。人民法院作出的判决、裁定，对参加登记的投资者发生效力。同时，根据我国《民事诉讼法》的相关规定，未登记的权利人在诉讼时效期间内提起诉讼的，适用上述判决和裁定。

三是建立了以"退出制"为核心的特别代表人诉讼制度。在代表人诉讼制度基础上，新《证券法》允许投资者保护机构接受50名以上投资者的委托作为代表人参加诉讼，由证券登记结算机构确认全部受损投资者，由投资者保护机构向人民法院登记权利人。这一规定创造性地解决了全部受损权利人的确认问题，同时建立了"默示加入、明示退出"的诉讼机制，"投资者明确表示不愿意参加诉讼的除外"，投资者未明确表示不参加的将直接登记为权利人，裁判结果对未明示退出的投资者发生效力。

自新《证券法》生效以来，各地人民法院不断推进证券民事赔偿代表人诉讼机制的探索。2020年3月13日，杭州市中级人民法院宣布采取代表人诉讼方式，审理"15五洋债""15五洋02"债券自然人投资者诉五洋建设集团公司证券虚假陈述责任纠纷，通知相关权利人在规定期限内向人民法院登记。3月24日，上海金融法院发布《上海金融法院关于证券纠纷代表人诉讼机制的规定（试行）》，对证券民事赔偿诉讼的实施机制予以细化，系统规定了各类代表人诉讼的规范化流程，明确回应了各类代表人诉讼中有关代表人的推选、代表人的权限范围等难点问题，大力依托信息技术创新代表人诉讼机制。这是全国法院首个关于证券纠纷代表人诉讼制度实施的具体规定。

（由《证券学苑》编辑部整理汇编）

专题六　证券交易所自律监管

一、新《证券法》对于多层次资本市场作了哪些规定？

原《证券法》在证券交易所外，仅通过规定"国务院批准的其他证券交易场所"，为多层次资本市场预留制度空间。经过多年的发展，我国多层次资本市场建设成效显著：沪、深证券交易所主板、中小板、创业板持续发展壮大，科创板于 2019 年 6 月开板且平稳运行，全国中小企业股份转让系统、区域性股权市场蓬勃发展。新《证券法》基于市场实践，对多层次资本市场作了全面规定。

一是明确了不同证券交易场所的职能定位。证券交易所、国务院批准的其他全国性证券交易场所为证券集中交易提供场所和设施，组织和监督证券交易，实行自律管理；按照国务院规定设立的区域性股权市场为非公开发行证券的发行、转让提供场所和设施。从证券交易角度来看，公开发行的证券，应当在依法设立的证券交易所上市交易或者在国务院批准的其他全国性证券交易场所交易；非公开发行的证券，可以在证券交易所、国务院批准的其他全国性证券交易场所、按照国务院规定设立的区域性股权市场转让。

二是将原关于证券交易所的部分规定扩展至证券交易场所。在信息披露监管及法定信息披露网站、禁止虚假陈述或者信息误导、从业人员禁止买卖股权性质证券、报告发现的禁止交易行为、内幕信息知情人范围等方面，将"证券交易所"扩展为"证券交易场所"。同时，授权国务院对其他全国性证券交易场所的组织架构、管理办法，以及区域性股权市场的具体管理办法等进行规定。

三是丰富证券交易场所内部的市场层次。明确证券交易所和国务院批准的其他全国性证券交易场所，可以根据证券品种、行业特点、公司规模等因素设立不同的市场层次。

二、新《证券法》从哪些方面强化了证券交易所履职的保障和规范？

新《证券法》明确证券交易所是为证券集中交易提供场所和设施，组织和监督证券交易，进行自律管理的法人。为确保证券交易所能够依法、正当履行自律管理职能，强化对证券交易所的监管，新《证券法》从以下六个方面强化了对证券交易所履职的保障和规范。

一是明确证券交易所履行自律管理职能的基本原则。即要遵守社会公共利益优先原则，维护市场的公平、有序、透明。强调证券交易所应当优先考虑和保障社会公共利益，并保障市场的公平、有序和透明运行。

二是明确证券交易所自行制定并公开证券交易收费管理办法。新《证券法》删除了证券交易的收费项目、收费标准和管理办法由国务院有关主管部门统一规定的相关条款，并在规定证券交易所应当公开收费项目、收费标准的基础上，进一步明确证券交易所应当制定并公开收费管理办法。

三是确认证券交易所业务规则的效力。规定在证券交易所从事证券交易应当遵守证券交易所依法制定的业务规则，并明确证券交易所可以对违规行为采取纪律处分等自律管理措施。同时，在多个条款中，均明确由证券交易所制定相关业务规则，如证券上市和终止上市、股票停复牌监管、交易异常情况和重大异常波动处置、程序化交易监管和减持监管等。

四是丰富证券交易所的风险处置措施。进一步明确了证券交易所在发生交易异常情况和重大异常波动情形下可以采取的具体措施，并进一步明确证券交易所的善意监管免责原则，即发生交易异常情况或者重大异常波动时，除存在重大过错外，证券交易所对其依据业务规则采取处置措施造成的损失，不承担赔偿责任。

五是明确证券交易即时行情权益归属。明确证券交易即时行情的权益由证券交易所依法享有，从法律层面确认了证券交易即时行情权益归属于证券交易所。同时要求证券交易所应当实时发布证券交易即时行情，保障证券交易的顺利进行。

六是强调了证券交易所的保密义务。在原《证券法》规定证券交易所应当为客户开立的账户保密的基础上，进一步要求证券交易场所等机构及其工作人员应当依法为投资者的信息保密，不得非法买卖、提供或者公开投资者的信息，不得泄露所知悉的商业秘密。

三、如何理解新《证券法》关于证券交易即时行情权益的规定?

证券交易所对其发布的信息，付出了创造性的劳动，并投入了大量的人力、物力和财力。原《证券法》规定了证券交易所公布即时行情的职责，同时明确其他单位和个人未经证券交易所许可不得发布证券交易即时行情，但未明确即时行情的权利归属问题。实践中，侵犯证券交易即时行情权益案件时有发生。新《证券法》对证券交易即时行情制度进行了完善。

一是明确即时行情的权益归属。明确证券交易即时行情的权益由证券交易所依法享有，确立了证券交易所对证券交易即时行情权益的专属权，以防止其他市场主体未经许可擅自使用证券交易即时行情。任何人未经许可使用证券交易行情的，证券交易所可对其侵权行为主张权利。

二是规定即时行情发布的"实时"要求。强调证券交易所应当实时发布即时行情，以保证投资者获取即时行情信息的及时性。

四、新《证券法》就上市公司股票停牌与复牌监管作了哪些规定?

上市公司停复牌制度，是证券市场的一项基础性制度，目的是在股价敏感信息已经产生但尚未公开披露的情况下，通过暂时中断证券交易，保证市场参与者能够公平地获取可能影响投资决策的重大信息，并维护交易秩序的公平。停复牌事宜作为证券市场一类微观机制，长期以来主要是由证券交易所业务规则作出规定。

为防止上市公司滥用停复牌机制，提高停复牌监管的权威性，维护市场秩序和整体利益，新《证券法》对上市公司停复牌作出了原则规定。

一是允许申请停复牌。明确上市公司可以向证券交易所申请其上市交易股票的停牌或者复牌。

二是不得滥用停复牌。上市公司申请停牌或者复牌的，不得滥用该机制，损害投资者的合法权益。

三是证券交易所可以决定停复牌。为加强对上市公司停复牌的监管，新《证券法》进一步明确证券交易所可以依照规则决定停复牌，为证券交易所基于维护市场公平、有序、透明的目的，主动实施停复牌预留制度空间。

五、根据新《证券法》，哪些情形构成交易异常情况？证券交易所可以采取哪些处置措施？

在证券交易过程中，因为自然灾害、事故灾难、公共卫生事件和社会安全事件等突发事件，可能会出现证券交易不能正常进行或者结果出现重大异常等证券交易的异常情况。历史上，第一次世界大战爆发、"9·11"恐怖袭击事件都对证券交易的正常进行产生了重大影响，纽约证券交易所及美国的其他证券交易所采取了停市等措施。2020年以来，受订单系统故障影响，多伦多交易所、多伦多创业板市场以及Alpha交易系统停止交易；菲律宾交易所为应对新冠肺炎疫情，进行了临时停市。

原《证券法》对交易异常情况有所规定，新《证券法》根据市场发展和监管实践，进一步完善了交易异常情况处置制度。

一是细化突发性事件规定。将不可抗力、意外事件、重大技术故障、重大人为差错等纳入突发事件的范围。

二是完善一般情形采取的处置措施。根据交易异常情况影响程度，分别规定了证券交易所的处置措施。对于发生交易异常情况，影响证券交易正常进行的，基于维护证券交易秩序和市场公平，证券交易所可以按照业务规则采取技术性停牌、临时停市等处置措施，并应当及时向中国证监会报告。

三是规定严重情形采取的处置措施。对交易异常情况导致证券交易结果出现重大异常，按交易结果进行交收将对证券交易正常秩序和市场公平造成重大影响的，证券交易所可以采取取消交易、通知证券登记结算机构暂缓交收等措施，并应当及时向中国证监会报告。同时，从法律层面确认交易结果不得改变的例外，对采取取消交易、暂缓交收的，允许改变交易结果。

六、根据新《证券法》，证券交易所对证券交易重大异常波动，可以采取哪些处置措施？

波动是证券市场的正常现象，甚至可以说没有波动就没有证券交易，也就没有证券市场。证券交易的正常波动是由供求关系决定的，受到市场基本面、资金面以及投资者情绪等多方面因素的影响。在市场基本面、资金面、政策面没有发生重大变动的情况下，证券供求关系发生异常可能会导致市场的重大波动，引起市场的剧烈动荡。新《证券法》为此新增了证券交易重大异常波动的处置措施条款。

一是新增证券交易所重大异常波动处置职能。证券交易所要加强对证券交易的风险监测，对重大异常波动可以依照业务规则采取处置措施。

二是分层规定处置措施。发生重大异常波动时，证券交易所可以根据重大异常波动的严重程度，分别采取限制交易、强制停牌、临时停市等处置措施，并根据情况向中国证监会报告或者公告。

七、什么是证券交易所善意监管免责原则？新《证券法》作了哪些规定？

证券交易所善意监管免责原则，是指只要证券交易所在善意执行法律或者自己的规则，履行自律管理的公共职能，即便被管理者利益遭受损失，证券交易所及其管理人员亦无须承担民事赔偿责任。在新《证券法》出台前，司法机关已经在部分案件的审判过程中认可了证券交易所善意监管免责原则，明确"无论交易所在行使其监管职权过程中作为或不作为，只要其行为的程序正当、目的合法，且不具有主观恶意，则交易所不应因其自主决定的监管行为而承担民事法律责任"。

新《证券法》基于市场实践，有限度地规定了证券交易所善意监管免责原则。

一是规定适用情形。法定的善意监管免责，适用于证券交易所因交易异常情况和证券交易重大异常波动采取处置措施两类情形。

二是明确交易所原则不承担民事赔偿责任以无重大过错为前提。证券交易所对因上述两种情形，依法按照业务规则采取处置措施，给投资者等市场参与人造成损失的，不承担民事赔偿责任。但如证券交易所存在重大过错的，依然要承担民事赔偿责任。

八、新《证券法》对证券交易所业务规则作了哪些有针对性的规定？

证券交易所依法制定的业务规则是发行人、上市公司、中介机构、会员、投资者等市场参与人在证券交易所从事证券发行、上市、交易、信息披露等业务活动的基本规范,是证券市场制度体系的有机组成部分。新《证券法》对证券交易所业务规则制定要求、效力范围、违反规则的惩戒措施和对相关具体事项的规范作用等方面作出了相应规定。

一是明确证券交易所业务规则制定和审批要求。证券交易所依照法律、行政法规和国务院证券监督管理机构的规定,制定上市规则、交易规则、会员管理规则和其他有关业务规则,并报国务院证券监督管理机构批准。

二是明确证券交易所业务规则的约束力。在证券交易所从事证券交易,应当遵守证券交易所依法制定的业务规则。

三是规定违反证券交易所业务规则的惩戒。市场主体违反业务规则的,证券交易所可以给予纪律处分,还可以采取其他自律管理措施。

四是明确了证券交易所业务规则对相关具体事项的规范作用。明确证券上市条件、退市情形、停复牌事宜、交易异常情况和重大异常波动的处置等由证券交易所业务规则规定,定期报告内容与格式、减持规范等,可在中国证监会统筹下,在证券交易所业务规则中作出相关规定。

(由《证券学苑》编辑部整理汇编)

专题七　证券公司及证券服务机构

一、新《证券法》对证券公司业务范围监管制度作了哪些调整？

原《证券法》明确了证券公司经核准可以经营的七项具体业务。为更好地适应证券市场发展趋势，新《证券法》对证券公司业务范围监管制度作了优化调整。

一是明确对证券业务实施牌照管理。经批准成立的证券公司从事证券业务应取得经营证券业务许可证，证券公司可以经营部分证券业务或者全部证券业务。中国证监会在法定期限内进行牌照许可的审查和核准。

二是扩大证券公司业务监管范围。将"证券融资融券"和"证券做市交易"新增列入证券公司业务范围。此外，新证券法还明确，证券公司从事证券融资融券业务，应当采取措施，严格防范和控制风险，不得违反规定向客户出借资金或者证券。

三是删除"证券资产管理"业务类型。新《证券法》进一步厘清了证券公司资管业务的法律性质和法律适用，不再将证券资产管理业务作为需按照《证券法》取得牌照的业务之一。明确证券公司从事证券资产管理业务的，应当符合《中华人民共和国证券投资基金法》等法律、行政法规的规定。

四是明确证券公司专属业务。新《证券法》将证券承销、证券保荐、证券经纪和证券融资融券业务规定为证券公司专属业务，除证券公司外，其他任何单位和个人不得从事。对于非法经营证券业务或者未经批准以证券公司名义开展证券业务活动的，可依据新《证券法》的相关规定给予行政处罚。

二、新《证券法》对证券做市业务作了哪些规定？

证券做市业务，是指做市商在开市期间就其负责做市的证券不断向投资者报出某些特定证券的买卖价格（即双向报价），并在该价位上接受投资者的买卖要求，以其自有资金和证券与投资者进行证券交易。证券做市业务，有助于为市场提供即时流动性，对冲大额买卖盘的压力，抑制过度投机，维护价格稳定。新《证券法》从法律层面对做市业务作出了规定，强化了证券做市业务活动的开展、监管的法律依据。

一是牌照管理，明确做市业务作为证券公司经营的证券业务之一，对做市业务实施牌照管理，证券公司从事做市业务应当取得相应的证券业务许可。

二是资本要求，明确证券公司做市业务的注册资本要求，即单项注册资本最低限额为人民币一亿元。

三是风险隔离，要求证券公司将必须将证券做市业务和证券经纪业务、证券承销业务、证券自营业务、证券资产管理业务分开办理，不得混合操作。

实践中，我国证券交易所上市的交易型开放式指数基金和指数型上市开放式基金等基金产品已实施做市的交易机制。沪伦通等创新业务中已经设置了证券做市交易机制。科创板试点注册制改革中，也明确了科创板在条件成熟时引入做市商机制。

三、新《证券法》对证券公司相关行政许可事项作了哪些调整？

为落实"放管服"要求，新《证券法》取消或者调整了部分证券公司相关行政许可事项，主要包括：

一是取消了证券公司设立、收购或者撤销分支机构核准要求；二是取消了证券公司董监高任职资格许可，改为备案制；三是取消证券从业人员资格认定要求，但对证券公司从业人员任职能力作出规定，即证券公司从事证券业务的人员应当品行良好，具备从事证券业务所需的专业能力；四是取消证券公司在境外设立、收购或者参股证券经营机构核准要求；五是取消证券公司增加注册资本且股权结构发生重大变化、减少注册资本、变更公司章程重要条款等事项的核准要求。此外，保荐机构注册和证券公司为客户买卖证券提供融资融券服务审批调整纳入证券公司业务范围许可。

近期，为做好新《证券法》实施后证券公司部分行政许可取消或调整的后续监管工作，中国证监会发布了《关于取消或调整证券公司部分行政审批项目等事项的公告》，对有关项目取消或调整后的后续管理和衔接措施进行了规定，明确将相关项目的事先审批调整外事后备案管理。

四、新《证券法》对证券公司治理与合规运行作了哪些新规定？

完善的公司治理体系、合规体系和风控体系，对证券行业的可持续发展、投资者合法权益的保护具有重要作用，亦是证券监管的重点方面。近年来，部分证券公司过于追求业务发展，风险意识不强、风控缺失、治理体系不完善，业务风险事件频发，对证券市场稳定和发展造成了严重影响。为提高证券公司的风险防控水平，新《证券法》全面强化了证券公司治理、内控、合规要求。

一是在强调证券公司依法自主经营外，同时规定审慎经营、勤勉尽责和诚实守信的经营原则。

二是对证券公司业务活动提出合规和风控监管要求，同时确立了审慎监管和保护投资者合法权益权益的基本要求。

三是明确证券公司不得允许他人以证券公司名义直接参与证券的集中交易，同时规定了相应罚则。

四是完善对证券公司监管采取的相应措施。将证券公司治理结构、合规管理不符合规定纳入采取措施范围，增加认定负有责任的董监高为不适当人选的措施类型，将责令转让或者限制股东权利的对象由控股股东、有关股东改为负有责任的股东。

五、新《证券法》对证券公司客户信息查询制度作了哪些规定？

证券公司建立和完善客户信息查询制度对于充分保障投资者对其投资账户、日常交易情况及证券资产信息的知情权，加强对中小投资者合法权益的保护，具有重要意义。新《证券法》从法律层面确立了证券公司应当建立客户信息查询制度的要求。

一是明确基本要求。证券公司应当建立客户信息查询制度，确保客户能够查询其账户信息、委托记录、交易记录以及其他与接受服务或者购买产品有关的重要信息。

二是规定保管义务。证券公司应当妥善保存客户开户资料、委托记录、交易记录和与内部管理、业务经营有关的各项信息，任何人不得隐匿、伪造、篡改或者毁损。上述信息的保存期限不得少于二十年。

六、投资者通过证券公司开立证券账户的，新《证券法》不再要求登记结算机构以投资者本人名义为投资者开立证券账户，如何理解？

原《证券法》第一百六十六条规定，证券登记结算机构应当按照规定以投资者本人的名义为投资者开立证券账户，即证券账户持有人与实际权益持有人应一致。但随着证券行业不断发展、新业务类型也不断增多，部分业务中出现了证券账户持有人与财产实际权益拥有人分离的情况。例如，沪股通下，境外投资者应通过香港结算持有沪股股票，并享有作为股东的财产权。沪股通股票的实际权益拥有人系香港境外投资者，而境内开户人为名义持有人香港结算。

新《证券法》删除了登记结算机构"以投资者本人名义"为投资者开立证券账户的要求，从法律层面为登记结算机构以名义持有人名义开立账户、登记证券预留制度空间，为沪伦通等系新业务的发展进一步奠定了法制基础。

七、根据新《证券法》的规定，哪些证券服务机构实施双备案管理？

为落实"放管服"要求，新《证券法》对会计师事务所等证券服务机构从事证券业务的监管方式进行了调整，将资格审批改为双备案管理制。

新《证券法》规定，会计师事务所、律师事务所以及从事资产评估、资信评级、财务顾问和信息技术系统服务的证券服务机构应当报证监会及国务院有关主管部门备案。但从事证券投资咨询服务业务的，仍应当经中国证监会核准。对于未备案开展证券服务业务的，规定了责令改正，给予20万元以下罚款的行政责任。

近期，为落实新《证券法》关于证券服务机构从事证券服务业务备案的新要求，证监会起草了《证券服务机构从事证券服务业务备案管理规定》（以下简称《备案管理规定》），对备案主体、备案范围、备案时点和备案程序等内容作出了规定。

八、新《证券法》对证券服务业务的资料保存，作了哪些规定？

证券服务业务工作底稿及相关资料是证券服务机构为客户提供证券服务业务、出具证券服务业务法律文件的重要基础和保障，也是核查证券服务机构是否履职尽责主要依据。完善证券服务业务工作及相关资料保存制度，有利于加强对证券服务业务的事中事后监管，强化中介机构责任，提高投资者保护水平。新《证券法》明确规定了证券服务机构对提供证券服务业务相关资料的保存义务：

一是保存范围，包括客户委托文件、核查和验证资料、工作底稿以及与质量控制、内部管理、业务经营有关的信息和资料；

二是禁止性规范，明确任何人不得泄露、隐匿、伪造、篡改或者毁损保管材料；

三是保存期限，自业务委托结束之日起，保管期限不得少于十年。

九、新《证券法》对保荐人、证券服务机构的法律责任作了那些强化？

保荐人、证券服务机构等中介机构是证券市场的"看门人"，承担着维护公众投资者权益的重任。科创板试点注册制改革相关制度规则明确，保荐人要对证券发行文件和信息披露资料进行全面的核查验证，证券服务机构及其从业人员要对本专业相关的业务事项履行特别注意义务，对其他业务事项履行普通注意义务。新《证券法》进一步强化证券服务机构的法律责任：

一是完善民事责任。将保荐人的直接责任人员纳入承担连带民事赔偿责任那范围；在证券服务机构对其出具文件存在虚假记载、误导性陈述、重大遗漏承担过错推定的连带民事赔偿责任基础上，将"鉴证报告"纳入证券服务机构承担责任的文件范围，将服务对象"发行人、上市公司"改为了"委托人"，为将控股股东、实际控制人、重大资产交易方、甚至新三板公司提供服务也纳入承担责任范围。

二是加大行政责任。保荐人、证券服务机构未勤勉尽责的，罚款幅度由原来最高可以处业务收入五倍以上的罚款调高至十倍，并处暂停或者撤销保荐业务许可、暂停或者禁止从事证券服务业务。同时，对保荐人中负有责任的个人，罚款幅度由三万元至三十万元调高至五十万元至五百万元，对证券服务机构中负有责任的个人，罚款幅度由三万元至十万元调高至二十万元至二百万元。

（由《证券学苑》编辑部整理汇编）

专题八　证券监管执法与法律责任

一、新《证券法》对于证券监管机构监测和防范、处置证券市场风险作了哪些新规定？

新《证券法》充分总结 2015 年股市异常波动的经验教训，并借鉴境外市场在防范和化解系统性风险的制度和实践做法，对证券监管机构的职能与职责作了进一步充实、强化。

一是列入证券监管目标。新《证券法》将"防范系统性风险"纳入证券监管目标。按照新《证券法》规定，证券监管的目标包括：维护证券市场公开、公平、公正，防范系统性风险，维护投资者合法权益，促进证券市场健康发展。

二是纳入证券监管职责。新《证券法》将"依法监测、防范和处置证券市场风险"增列为证券监管机构的监督管理职责，属于新《证券法》规定的 10 项法定职责之一。

二、新《证券法》对于证券监管执法可以采取的措施作了哪些调整？

新《证券法》根据近年来证券监管执法的实践需要，对中国证监会有权采取的相关措施进行了丰富和完善。

一是增加报送文件和资料措施。要求当事人和被调查对象按照指定的方式报送与被调查事件有关的文件和资料，节省了执法资源，增加执法效率。

二是扩大扣押措施实施范围。对可能被转移、隐匿或者毁损的文件和资料纳入扣押，便于对移动硬盘、U 盘等便携式存储设备可能存在的证据实施控制，使执法更灵活，更有操作性。

三是增加查询措施适用范围。当事人和被调查事件有关的单位和个人的其他具有支付、托管、结算等功能的账户信息，并复制有关资料和文件的规定。

四是完善冻结查封权。将冻结查封的批准主体扩展至中国证监会主要负责人授权的其他负责人；延长冻结查封期限，将《行政强制法》规定的普通情况 30 天延长为六个月；因特殊原因需要延长的，由《行政强制法》规定的 30 天延长至不得超过三个月；延长没有次数限制，但规定冻结、查封期限最长不得超过二年。

五是完善限制交易措施。将批准主体扩展至中国证监会主要负责人授权的其他负责人，将首次和延长限制交易时间分别由 15 个交易日扩展至三个月。

六是增加边控措施。明确了中国证监会可以通知出境入境管理部门，对涉嫌违法人员、涉嫌违法单位的主管人员和其他直接责任人员依法阻止其出境。

三、新《证券法》对于中国证监会采取行政监管措施作了哪些新规定？

新《证券法》在现场检查、要求报送文件资料、查阅相关文件资料等一般的行政执法措施的基础上，根据证券监管执法的需要，新设了证券行政监管措施的制度。一是规定了具体种类，包括责令改正、监管谈话、出具警示函等。二是规定了适用情形，即为了防范证券市场风险，维护市场秩序的需要而采取。

前期，中国证监会制定了《证券期货市场监督管理措施实施办法（试行）》，明确了证券行政监管措施的种类、实施程序和法律责任。

四、新《证券法》增加了证券行政和解制度，具体是如何安排的？

行政和解是一项立足于更好地保护投资者合法权益的执法制度创新。核心价值在于，通过行政执法程序的专门制度安排，使投资者获得比通过民事赔偿程序更为及时、便捷、直接的经济补偿。同时，让违法者付出必要的经济代价和成本，惩罚和制裁违法者，从而实现行政执法维护市场秩序的整体目标。新《证券法》以当事人承诺的方式规定了证券行政和解的基本内容和要求：

一是确定适用情形，即中国证监会已对涉嫌证券违法的单位或者个人进行调查，尚未结束。

二是明确基本程序，包括：（1）调查对象申请和承诺，即被调查的当事人书面申请，承诺在中国证监会认可的期限内纠正涉嫌违法行为，赔偿有关投资者损失，消除损害或者不良影响。（2）中止调查，即中国证监会根据调查对象申请和承诺等情况，依法中止调查。（3）终止调查或恢复调查，即调查对象履行承诺的，中国证监会可以决定终止调查；调查对象未履行承诺或者有国务院规定的其他情形的，中国证监会应当恢复调查。

三是规定具体授权，授权国务院规定行政和解的具体办法。

四是强化信息公开，中国证监会决定中止或者终止调查的，应当按照规定公开相关信息。

2015 年中国证监会发布了《行政和解试点实施办法》，证监会、财政部发布了《行政和解金管理暂行办法》。2019 年 4 月，证监会依法与 9 名行政和解申请人达成行政和解协议，申请人交纳行政和解金 1.5 亿元人民币，并采取必要措施加强相关公司的内控管理，证监会依照规定终止对申请人有关行为的调查、审理程序。

五、新《证券法》对于证券市场诚信档案制度作了哪些规定？

加强证券市场诚信建设是推进资本市场改革发展的重要基础，有利于强化市场主体的权利义务观念、规范市场行为，加大对违法失信行为的惩戒力度，保护投资者的合法权益。

新《证券法》在基本法层面，确立了证券市场诚信档案制度，证监会依法将有关市场主体遵守本法的情况纳入证券市场诚信档案。

中国证监会自 2008 年以来大力推进诚信档案制度建设。2012 年 7 月，中国证监会制定出台了《证券期货市场诚信监督管理暂行办法》（中国证监会令第 80 号），并在 2014 年、2018 年分别进行了修订。2014 年，中国证监会正式启动运行全国统一的"资本市场诚信数据库"，面向公众提供查询服务。根据 2018 年修改后的《证券期货市场诚信监督管理办法》，证监会办理证券期货行政许可、业务创新试点安排、监督检查、行政处罚、采取行政监管措施，证券期货市场行业组织在履行登记、备案、注册、会员批准等方面，都要求查询和使用诚信档案。

六、新《证券法》从哪些方面完善了证券市场禁入制度？

2005 年修改证券法时增加了证券市场禁入制度的规定，明确违反法律、行政法规和中国证监会规定，情节严重的，中国证监会可以采取一定期限直至终身的证券市场禁入制度，即不得从事证券业务，不得担任上市公司的董事、监事、高级管理人员。2006 年，中国证监会公布实施了《证券市场禁入规定》，并在 2015 年进行了修改。

新《证券法》在原来规定的基础上进一步扩大了范围，加强了对市场主体的责任约束：违法违规人员除了不能从事证券业务，不得担任上市公司的董事、监事、高级管理人员以外，还增加了禁止从事证券买卖的限制，即一定期限直至终身不得在证券交易所、不得在国务院批准的其他全国性证券交易场所进行证券交易。

七、什么是证券有奖举报制度？为了鼓励和保护举报人，新《证券法》作了哪些针对性的安排？

证券有奖举报制度有助于扩大证券监管执法的线索来源，鼓励举报人的积极性、增强证券监管对违法违规行为的震慑力。新《证券法》结合近年来监管执法的情况，设置了证券有奖举报制度，特别是加强了对举报人的鼓励和保护。

一是规定举报权，任何单位和个人对涉嫌证券违法、违规行为，有权向中国证监会举报。

二是实名举报奖励，对涉嫌重大违法、违规行为的实名举报线索经查证属实的，中国证监会按照规定给予举报人奖励。

三是严格保密，要求中国证监会应当对举报人的身份信息保密。

2014 年 6 月，中国证监会发布了《证券期货违法违规行为举报工作暂行规定》，对提供欺诈发行、信息披露违法违规、操纵市场、内幕交易和利用未公开信息交易违法案件线索的实名举报，经调查属实并作出行政处罚后给予奖励。前期，中国证监会对提供廖英强操纵市场、上市公司 ST 百特、任子行信息披露违法违规等 3 起案件线索的举报人给予了奖励。

八、新《证券法》显著提高证券违法违规成本，对于欺诈发行、虚假陈述等证券违法行为的行政法律责任作了哪些调整？

新《证券法》按照全面提升证券违法成本的导向，加强了对欺诈发行、虚假陈述等典型证券违法行为的行政法律责任。

一是提高处罚幅度。对有违法所得的，规定没收违法所得，并大幅提高罚款幅度。如对于欺诈发行行为，从原来最高可处募集资金百分之五的罚款，提高至募集资金的一倍；对于上市公司信息披露违法行为，从原来最高可处以六十万元罚款，提高至一千万元；将有关一至五倍的倍数罚，一律调整为一至十倍。

二是强化"关键主体"追责。对于发行人的控股股东、实际控制人组织、指使从事欺诈发行的，最高处以二千万元罚款，有违法所得的，最高按一倍处罚，并对其责任人员处以一千万元罚款。对于发行人的控股股东、实际控制人组织、指使从事虚假陈述行为，或者隐瞒相关事项导致虚假陈述的，规定最高可处以一千万元罚款等，其直接责任人员最高处以五百万元罚款。

三是加大"个人责任"。欺诈发行中，发行人的直接负责的主管人员和其他直接责任人员，罚款幅度由三万元至三十万元调高至一百万元至一千万元，控股股东、实际控制人中的有关责任人员也按照上述幅度处罚。虚假陈述中，将信息披露义务人的直接负责的主管人员和其他直接责任人员，罚款幅度由三万元至三十万元调高至五十万元至五百万元，控股股东、实际控制人中的有关责任人员也按照上述幅度处罚。

九、新《证券法》对证券民事赔偿责任承担优先作了哪些完善？

原《证券法》规定了证券违法行为人同时承担民事赔偿责任和行政法律责任时的顺序，即违反《证券法》规定，应当承担民事赔偿责任和缴纳罚款、罚金，其财产不足以同时支付时，先承担民事赔偿责任。

新《证券法》在此基础上作了进一步优化完善。一是进一步突出了"优先用于承担民事赔偿责任"的基本原则。二是将违法所得一并纳入优先承担民事责任原则中。

十、新《证券法》对法律责任承担机制做了哪些安排？

新《证券法》加大行政处罚幅度、完善民事责任制度，全面提高了违法成本。在此基础上，创造性的规定了相关主体的法律责任承担机制。

一是规定欺诈发行上市责令购回制度。对于在招股书等证券发行文件中隐瞒重要事实或者编造重大虚假内容，已经欺诈发行上市的，证券监管机构可以责令发行人回购证券，或者责令负有责任的控股股东、实际控制人买回证券。通过监管介入的方式，将欺诈发行上市违法所得利益"回吐"投资者，有助于民事赔偿时间长、成本高等问题。

二是引入了先行赔付制度。在"万福生科案"、"海联讯案"和"欣泰电气案"等先行赔付案例基础上，新《证券法》正式在基本法上引入了先行赔付制度，发行人因欺诈发行、虚假陈述或者其他重大违法行为给投资者造成损失的，控股股东、实际控制人、相关的证券公司可以委托投资者保护机构，与投资者达成协议向投资者先行赔付，赔付后可以向发行人及其他连带责任人追偿。

三是建立中国特色特色集体诉讼制度。在现有代表人诉讼的基础上，以投资者保护机构为代表人，通过证券登记结算机构确认的方式，确立了"默示加入、明示退出"的特别代表人诉讼制度，建立了中国特色的证券集体诉讼制度。

四是完善法律责任分配原则。如欺诈发行、虚假陈述民事责任中发行人的控股股东、实际控制人过错责任改为过错推定、普通投资者与证券公司纠纷实行证券公司举证责任倒置机制等。

(由《证券学苑》编辑部整理汇编)

专题九　证券跨境发行上市

一、新《证券法》对证券法的域外效力作了哪些规定？

　　证券法的域外效力，是指证券法对于发生在境外的证券发行和交易活动，能否施加有效的规制。在英美等成熟市场，均有通过法律明文规定或者司法判决，明示本国证券法律域外管辖权的范例。

　　为了适应当前我国资本市场与境外市场互联互通背景下对加强跨境监管的需要，新《证券法》对于证券法的域外效力作出了规定，明确对于境外的证券发行和交易活动，扰乱境内市场秩序，损害境内投资者合法权益的，可依法对其处理并追究法律责任。为证券跨境监管和法律适用提供了法律依据，有助于将影响到国内证券市场稳定和投资者权益的境外证券案件，纳入我国管辖权控制下，有效阻却和制止证券违法行为。

　　就日前瑞幸咖啡（Nasdaq：LK）财务造假，中国证监会对该公司财务造假行为表示强烈的谴责，并按照国际证券监管合作的有关安排，派驻调查组依法对相关情况进行核查，从而坚决打击证券欺诈行为，切实保护投资者权益。

二、依据新《证券法》，存托凭证的发行、上市交易应当遵守哪些规定？

　　存托凭证是指存托人签发，以境外证券为基础在中国境内发行，代表境外基础证券权益的证券，是国际上境外发行人在境内发行上市的主要证券品种和监管安排。2018年开展试点创新企业境内上市工作中，根据原《证券法》关于国务院可以依法认定其他证券品种的授权，通过转发证监会《关于开展创新企业境内发行股票或存托凭证试点的若干意见》的方式，将存托凭证认定为证券。

新《证券法》将存托凭证规定为法定证券品种，对于存托凭证的发行、上市交易作出了全面规范。

一是在证券发行，新《证券法》具体规定了公开发行存托凭证的，应当符合首次公开发行新股的条件以及中国证监会规定的其他条件。

二是在证券上市交易和持续监管上，存托凭证应当遵守新《证券法》关于"发行人""证券"的规范要求，除非法律明确规定仅适用于股票或者其他证券品种。

三是信息披露、投资者保护和法律责任上，存托凭证作为法定的证券品种，应当全面适用新《证券法》的相关规定。

为了加强对存托凭证发行与交易活动的监管，2018年中国证监会制定了《存托凭证发行与交易管理办法（试行）》，对存托凭证的发行、上市和交易、信息披露、存托和托管、投资者保护以及法律责任等作出了规定。存托凭证发行人及相关主体应当遵守这些规定。

三、证券同时在境内外上市交易的公司如何进行信息披露，新《证券法》有何规定？

为了适应目前证券在境内、境外两地甚至多地上市信息披露监管需要，新《证券法》对境内外同时信息披露作出了明确规定，证券同时在境内境外公开发行、交易的，其信息披露义务人在境外披露的信息，应当在境内同时披露。

在科创板上市规则中，对境内外信息同时披露作了进一步细化规定：

一是同时披露，上市公司同时有证券在境外证券交易所上市的，应当保证将境外证券交易所要求披露的信息，及时向上交所报告，并同时在符合法律规定媒体上按照上市规则进行披露。

二是一致披露，上市公司就同一事件向境外证券交易所提供的报告和公告应当与向上交所提供的内容一致。出现重大差异时，公司应当向上交所作出专项说明，并按要求披露更正或补充公告。

四、新《证券法》对于境内企业到境外发行上市交易的监管制度作了哪些调整？

在我国资本市场改革开放过程中，原《证券法》基于维护我国企业国际市场形象，保持中国企业国际筹资有效渠道，避免对我国宏观经济结构、资本市场管理以及国家政治、经济方面利益产生不利影响等原因，对境内企业境外发行上市设置了行政许可，要经中国证监会依照国务院的规定进行批准。

随着我国市场的发展壮大和资本市场双向开放的不断深化，新《证券法》对境内企业境外直接或者间接到境外发行上市交易的监管制度进行了调整，将"经中国证监会依照国务院的规定进行批准"改为"符合国务院的有关规定"。

五、为了加强跨境证券监管执法，新《证券法》作了哪些规定？

2005 年《证券法》修订，在法律层面上确立了中国证监会开展跨境执法合作的权限，规定了中国证监会可以和其他国家或者地区的证券监督管理机构建立监督管理合作机制，实施跨境监督管理。

随着近年来我国资本市场双向开放的不断推进，境内外资本市场互联互通程度加深，对于加强跨境证券监管执法提出了新的制度需求。公开信息显示，中国证监会一向对跨境监管合作持积极态度，支持境外证券监管机构查处其辖区内上市公司财务造假行为。在国际证监会组织（IOSCO）多边备忘录合作框架下，中国证监会已依法向多家境外监管机构提供多家境外上市公司相关审计工作底稿。

六、上海市场涉及跨境发行上市和监管的创新业务有哪些？

在中国证监会领导和支持下，上交所不断优化完善跨境发行上市交易业务，推进我国资本市场双向开放，持续扩大在国际市场的影响力。

一是沪港通首次实现证券双向跨境交易。2014 年 11 月 17 日"沪港通"开航，内地和香港市场投资者通过委托本地证券公司（经纪商），经订单路由服务，跨境买卖港交所或者上交所上市的特定股票，首次实现了沪港两地证券的跨境交易。

二是沪伦通正式打开了证券双向跨境发行大门。2019 年 6 月 17 日，上交所主板上市公司华泰证券发行的沪伦通下首只全球存托凭证（GDR）产品在伦交所挂牌交易。在沪伦通机制下，符合条件的两地上市公司，依照对方市场的法律法规，通过发行存托凭证（Depositary Receipt，DR）并在对方市场上市交易。

三是科创板试点注册制实现了红筹企业境内发行上市。科创板试点注册制配套制度明确,符合规定的红筹企业可以申请发行股票或者存托凭证并在科创板上市。2020年2月27日,在开曼群岛注册的华润微电子首次公开发行股票并在科创板正式挂牌上市,成为中国A股市场第一家"红筹上市"企业。红筹企业登陆科创板,首次实现了境外企业通过发行股票的方式进入中国资本市场。

此外,上交所还积极推动D股发行、H股全流通等跨境创新业务。2019年4月10日,沪市上市公司青岛海尔在中欧国际交易所(上交所、德意志交易所集团和中金所共同设立)首次在德国发行D股,成功登陆欧洲资本市场。

(由《证券学苑》编辑部整理汇编)

第四部分 理论实践篇

科创板知识应知道

本次《证券法》修订的一大亮点是全面推行证券发行注册制度。新《证券法》在总结上海证券交易所设立科创板并试点注册制的经验基础上，按照全面推行注册制的基本定位，对证券发行制度作了系统的修改完善。设立科创板并试点注册制，是一次以关键制度创新赋能资本市场效能变革的实践探索，在发行、上市、交易、退市各方面进行了制度改革。

一、作为全新的交易板块，投资者如何认识科创板的定位？

科创板的定位是面向世界科技前沿、面向经济主战场、面向国家重大需求。优先支持符合国家战略，拥有关键核心技术，科技创新能力突出，主要依靠核心技术开展生产经营，具有稳定的商业模式，市场认可度高，社会形象良好，具有较强成长性的企业。发行人申请股票在科创板首次发行上市，应当符合科创板定位。

二、科创板企业的发行上市条件是如何设置的？

科创板根据板块定位和科创企业特点，设置多元包容的上市条件，畅通市场的"进口"。

相关制度对科创板发行条件进行了精简优化，从主体资格、会计与内控、独立性、合法经营四个方面，对科创板首次公开发行条件作了规定。《上海证券交易所科创板股票上市规则》从发行后股本总额、股权分布、市值、财务指标等方面，明确了多套科创板上市条件。

同时，在市场和财务条件方面，引入"市值"指标，与收入、现金流、净利润和研发投入等财务指标进行组合，设置了5套差异化的上市指标，可以满足在关键领域通过持续研发投入已突破核心技术或取得阶段性成果、拥有良好发展前景，但财务表现不一的各类科创企业上市需求。

此外，允许符合科创板定位、尚未盈利或存在累计未弥补亏损的企业在科创板上市，允许符合相关要求的特殊股权结构企业和红筹企业在科创板上市。

三、在注册制下，科创板的发行上市审核程序是怎样的？

与沪市主板核准制不同，科创板试点实施注册制审核。首次公开发行股票并在科创板上市，应当符合发行条件、上市条件以及相关信息披露要求，依法经上海证券交易所发行上市审核并报经证监会履行发行注册程序。

四、在科创板试点注册制与目前实行的股票发行上市的核准制，主要有哪些方面的差异？

在科创板实施注册制改革坚持市场化方向，秉承以信息披露为中心的监管理念，强化发行人和中介机构的责任，通过配套机制的安排，努力维护市场稳定。

具体看，区别主要包括以下五个方面。

一是上市条件、审核标准等更优化，且更公开。相关制度对科创板发行条件进行了精简优化，从主体资格、会计与内控、独立性、合法经营四个方面，对科创板首次公开发行条件作了规定。根据板块定位和科创企业特点，设置多元包容的上市条件，畅通市场的"进口"。允许符合科创板定位、尚未盈利或存在累计未弥补亏损的企业在科创板上市，允许符合相关要求的特殊股权结构企业和红筹企业在科创板上市。

二是实行以信息披露为中心的发行审核制度。发行人在符合最基本发行条件的基础上还必须符合严格的信息披露要求，发行人是信息披露的第一责任人，中介机构应勤勉尽责，切实发挥对信息披露核查把关作用。在发行审核过程中，主要审核工作放在上海证券交易所。通过一轮或者多轮的审核问询，对发行人披露的信息进行审核，使发行人充分披露与投资者投资决策相关的重要信息，并借此督促发行人、保荐人保证信息披露的真实、准确、完整，努力让"问题公司"或者公司重大问题无所遁形，防范和震慑欺诈发行。

三是要实行市场化的发行承销机制。注册制试点过程中，新股的发行价格、规模、发行节奏都要通过市场化方式决定，这与核准制有重大的区别。同时，新股发行定价中发挥机构投资者的投研定价能力，建立以机构投资者为参与主体的询价、定价、配售机制。

四是要强化中介机构责任。为了保护投资者利益，试点注册制要更加强化中介机构的尽职调查义务和核查把关责任，对违法违规的中介机构及相关人员将采取严厉的监管措施，对违法违规行为进行强有力追责，实行依法治市、执法必严、违法必究，大幅提高违法违规成本。对信息披露造假、欺诈发行等行为要出重拳，切实维护规范有序的市场环境。

五是要完善配套措施。试点注册制要解决资本市场违法成本过低的问题，建立良好的法治、市场和诚信环境，特别是完善法治建设，试点注册制将更强调工作的系统性、协同性，增强监管的全面性和有效性，采取更加丰富的手段提高持续监管能力，加强司法与执法的衔接，推动完善相关法律和司法解释，并探索完善与注册制相适应的证券民事诉讼法律制度。

五、在对科创板发行人的信息披露审核过程中，交易所会重点关注哪些方面？

交易所在信息披露审核中，重点关注以下四个方面的内容。

一是重点关注发行人的信息披露是否达到真实、准确、完整的要求，是否符合招股说明书内容与格式准则的要求。

二是重点关注发行上市申请文件及信息披露内容是否包含对投资者作出投资决策有重大影响的信息，披露程度是否达到投资者作出投资决策所必需的水平。

三是重点关注发行上市申请文件及信息披露内容是否一致、合理和具有内在逻辑性。

四是重点关注发行上市申请文件披露的内容是否简明易懂，是否便于一般投资者阅读和理解。

六、投资者参与科创板股票交易的适当性管理要求是怎么规定的？

根据《上海证券交易所科创板股票交易特别规定》，科创板的股票交易实行投资者适当性管理制度。

机构投资者参与科创板股票交易，应当符合法律法规及上海证券交易所业务规则的规定。

个人投资者参与科创板股票交易，应当符合的条件包括：

一是申请权限开通前 20 个交易日证券账户及资金账户内的资产日均不低于人民币 50 万元（不包括该投资者通过融资融券融入的资金和证券）；

二是参与证券交易 24 个月以上；

三是上海证券交易所规定的其他条件。

上海证券交易所可根据市场情况对上述条件作出调整。

这里，特别提示投资者注意的是，不符合适当性管理要求的个人投资者，可以通过公募基金等方式参与科创板投资。

七、符合适当性管理相关条件的个人投资者是否可以直接参与科创板股票交易？

直接参与科创板股票交易的个人投资者不仅应符合上海证券交易所规定的适当性条件等要求，还应当通过证券公司组织的科创板股票投资者适当性综合评估。

证券公司应当对投资者是否符合科创板股票投资者适当性条件进行核查，并对个人投资者的资产状况、投资经验、知识水平、风险承受能力和诚信状况等进行综合评估。

证券公司应当重点评估个人投资者是否了解科创板股票交易的业务规则与流程，以及是否充分知晓科创板股票投资风险。

提醒投资者注意的是，符合科创板股票适当性条件的投资者仅需向其委托的证券公司申请，在已有沪市 A 股证券账户上开通科创板股票交易权限即可，无须在中国结算开立新的证券账户。会员也无须向上海证券交易所申请办理其他手续。

八、投资者参与科创板股票网上申购时，需满足哪些方面的条件？

投资者参与科创板网上申购需满足以下两方面条件。

一是符合科创板投资者适当性条件，且已开通科创板股票交易权限。

二是符合关于持有市值的要求，即持有上海市场非限售 A 股股份和非限售存托凭证总市值在 1 万元以上（含 1 万元）。

九、哪些投资者可以参与科创板股票网下申购？

根据《科创板首次公开发行股票注册管理办法（试行）》和《实施办法》，参与科创板股票网下申购的投资者为参与网下询价并提供有效报价的网下投资者，也就是参与首次公开发行股票询价定价的证券公司、基金管理公司、信托公司、财务公司、保险公司、合格境外机构投资者和私募基金管理人等专业机构投资者。

十、参与科创板股票交易，投资者需关注哪些交易方面的特殊规定呢？

科创板企业业务模式较新、业绩波动可能性较大、不确定性较高，为防止市场过度投机炒作、保障流动性，科创板股票交易设置了差异化的制度安排，诸如适当放宽涨跌幅限制、调整单笔申报数量、上市首日开放融资融券业务、引入盘后固定价格交易等。此外，科创板还对连续竞价阶段的限价订单设置了有效申报价格范围的要求，对科创板的市价订单申报要求填写买入保护限价或者卖出保护限价。对此，投资者应当予以关注。

十一、投资者可以通过哪些方式参与科创板股票交易？

根据《上海证券交易所科创板股票交易特别规定》，投资者可以通过竞价交易、盘后固定价格交易和大宗交易参与科创板股票交易。

与主板不同，科创板引入了盘后固定价格交易方式。盘后固定价格交易是指，在收盘集合竞价结束后，交易所交易系统按照时间优先顺序对收盘定价申报进行撮合，并以当日收盘价成交的交易方式。

投资者需关注科创板股票交易方式包括竞价交易、盘后固定价格交易及大宗交易，不同交易方式的交易时间、申报要求、成交原则等存在差异。

十二、科创板上市公司和相关信息披露义务人应如何履行信息披露义务？

科创板上市公司和信息披露义务人应当及时、公平地披露所有可能对证券交易价格或者对投资决策有较大影响的事项，保证所披露信息的真实、准确、完整，不存在虚假记载、误导性陈述或者重大遗漏，并且信息披露文件应当材料齐备，格式符合规定要求。同时，科创公司应当结合所属行业特点，充分披露行业的经营信息，以及可能对公司核心竞争力、经营活动和未来发展产生重大不利影响的风险因素。此外，上市公司和相关信息披露义务人不得以新闻发布或者答记者问等其他形式代替信息披露或泄露未公开重大信息。科创板上市公司和相关信息披露义务人确有需要的，可以在非交易时段通过新闻发布会、媒体专访、公司网站、网络自媒体等方式对外发布应披露的信息，但公司应当于下一交易时段开始前披露相关公告。

与沪市主板一样，科创板上市公司应当通过上海证券交易所上市公司信息披露电子化系统登记公告；相关信息披露义务人应当通过上市公司或者上海证券交易所指定的信息披露平台办理公告登记。同时，上市公司和相关信息披露义务人应当在上海证券交易所网站和中国证监会指定媒体上披露信息披露文件，并保证披露的信息与登记的公告内容一致。未能按照登记内容披露的，应当立即向上海证券交易所报告并及时更正。投资者可以及时查阅。

十三、关于科创板退市制度安排，有哪些特殊规定需要投资者关注？

科创板退市制度，充分借鉴已有的退市实践，相比沪市主板，更为严格，退市时间更短、退市速度更快。

在退市情形上，新增市值低于规定标准、上市公司信息披露或者规范运作存在重大缺陷导致退市的情形。

在执行标准上，对于明显丧失持续经营能力，仅依赖于与主业无关的贸易或者不具备商业实质的关联交易收入的上市公司，可能会被退市。

投资者应当关注科创板退市相关风险。

十四、关于科创板上市公司设置表决权差异安排的情况，投资者需要知晓哪些问题？

科创板制度允许上市公司设置表决权差异安排。上市公司可能根据此项安排，存在控制权相对集中，以及因每一特别表决权股份拥有的表决权数量大于每一普通股份拥有的表决权数量等情形，而使普通投资者的表决权利及对公司日常经营等事务的影响力受到限制。

同时，当出现《上海证券交易所科创板股票上市规则》以及上市公司章程规定的情形时，特别表决权股份将按 1：1 的比例转换为普通股份。股份转换自相关情形发生时即生效，并可能与相关股份转换登记时点存在差异。投资者需及时关注上市公司相关公告，以了解特别表决权股份变动事宜。

十五、在境内发行股票或存托凭证并在科创板上市的红筹企业，应如何保护投资者的权益？

红筹企业在境内发行股票或存托凭证并在上海证券交易所科创板上市，股权结构、公司治理、运行规范等事项适用于境外公司法等法律法规规定的，其投资者权益保护水平，包括资产收益、参与重大决策、剩余财产分配等权益，总体上应不低于境内法律法规规定的要求，并保障境内存托凭证持有人实际享有的权益与境外基础证券持有人的权益相当。

此外，提示投资者注意的是，红筹公司存托凭证持有人实际享有的权益与境外基础证券持有人的权益虽然基本相当，但并不能等同于直接持有境外基础证券。投资者应当充分知悉存托协议和相关规则的具体内容，了解并接受在交易和持有红筹公司股票或存托凭证过程中可能存在的风险。

十六、投资者可以从哪些渠道了解科创板交易的相关信息？

投资者可以从以下主要渠道获取关于科创板交易的相关信息。

一是从上海证券交易所官方网站（www.sse.com.cn）的"科创板专栏"了解更多关于科创板的信息。

二是登录上海证券交易所科创板投教专栏（edu.sse.com.cn/tib/），关注"上交所投教"微信公众号，了解并获取更多关于科创板交易的投教材料。

第五部分　**自测题篇**

新《证券法》自测题

恭喜您学习完了《轻松读懂新〈证券法〉》！对新《证券法》相关知识您掌握了多少呢？快来自测一下吧！

一、单选题

1. 修订后的《中华人民共和国证券法》的施行日期为（　）。

A. 2020 年 3 月 1 日

B. 2019 年 3 月 1 日

C. 2018 年 3 月 1 日

【答案】A

【解析】《中华人民共和国证券法》由中华人民共和国第十三届全国人民代表大会常务委员会第十五次会议于 2019 年 12 月 28 日修订通过，自 2020 年 3 月 1 日起正式施行。

2. 以下哪个证券品种不是新《证券法》规定的法定证券（　）。

A. 股票

B. 存托凭证

C. 期权

【答案】C

【解析】新《证券法》第二条规定，在中华人民共和国境内，股票、公司债券、存托凭证和国务院依法认定的其他证券的发行和交易，适用本法。此外，本次新《证券法》修订将资产支持证券和资产管理产品写入其中。

3. 证券的发行、交易活动需要遵循的原则是（　）。

A. 公开、公平

B. 公平、公正

C. 公开、公平、公正

【答案】C

【解析】新《证券法》第三条规定，证券的发行、交易活动，必须遵循公开、公平、公正的原则。

4. 证券发行、交易活动的当事人需要遵守的原则是（　　）。

A. 自愿、有偿

B. 诚实信用

C. 自愿、有偿、诚实信用

【答案】C

【解析】新《证券法》第四条规定，证券发行、交易活动的当事人具有平等的法律地位，应当遵守自愿、有偿、诚实信用的原则。

5. 下列哪一种情形不属于公开发行（　　）。

A. 向不特定对象发行证券

B. 向特定对象发行证券累计未超过两百人

C. 向特定对象发行证券累计超过二百人，但依法实施员工持股计划的员工人数不计算在内

【答案】B

【解析】新《证券法》第九条规定，公开发行具体包括下列情形：（一）向不特定对象发行证券；（二）向特定对象发行证券累计超过二百人，但依法实施员工持股计划的员工人数不计算在内；（三）法律、行政法规规定的其他发行行为。

6. 在哪些情况下，发行人应当聘请证券公司担任保荐人（　　）。

A. 发行人申请公开发行股票、可转换为股票的公司债券，依法采取承销方式的

B. 公开发行法律、行政法规规定实行保荐制度的其他证券的

C. 以上两者均是

【答案】C

【解析】新《证券法》第十条规定，发行人申请公开发行股票、可转换为股票的公司债券，依法采取承销方式的，或者公开发行法律、行政法规规定实行保荐制度的其他证券的，应当聘请证券公司担任保荐人。

7. 下列哪个文件不属于股份有限公司公开发行股票时，应当向国务院证券监督管理机构报送的文件（　　）。

A. 公司章程

B. 董事长个人简历

C. 招股说明书

【答案】B

【解析】新《证券法》第十一条规定，设立股份有限公司公开发行股票，应当符合《中华人民共和国公司法》规定的条件和经国务院批准的国务院证券监督管理机构规定的其他条件，向国务院证券监督管理机构报送募股申请和下列文件：（一）公司章程；（二）发起人协议；（三）发起人姓名或者名称，发起人认购的股份数、出资种类及验资证明；（四）招股说明书；（五）代收股款银行的名称及地址；（六）承销机构名称及有关的协议。

8. 下列哪一项不属于首次公开发行新股应当符合的条件（　　）。

A. 具有持续盈利能力

B. 具有持续经营能力

C. 具备健全组织机构

【答案】A

【解析】新《证券法》第十二条规定，公司首次公开发行新股，应当符合下列条件：（一）具备健全且运行良好的组织机构；（二）具有持续经营能力；（三）最近三年财务会计报告被出具无保留意见审计报告；（四）发行人及其控股股东、实际控制人最近三年不存在贪污、贿赂、侵占财产、挪用财产或者破坏社会主义市场经济秩序的刑事犯罪；（五）经国务院批准的国务院证券监督管理机构规定的其他条件。

9. 公司公开发行新股，应当报送的文件不包括（　　）。

A. 公司章程

B. 公司宣传册

C. 财务会计报告

【答案】B

【解析】新《证券法》第十三条规定，公司公开发行新股，应当报送募股申请和下列文件：（一）公司营业执照；（二）公司章程；（三）股东大会决议；（四）招股说明书或者其他公开发行募集文件；（五）财务会计报告；（六）代收股款银行的名称及地址。

10. 公司若改变公开发行股票所募集资金用途的，必须经（　　）作出决议。

A. 股东大会

B. 董事会

C. 监事会

【答案】A

【解析】新《证券法》第十四条规定，公司对公开发行股票所募集资金，必须按照招股说明书或者其他公开发行募集文件所列资金用途使用；改变资金用途，必须经股东大会作出决议。擅自改变用途，未作纠正的，或者未经股东大会认可的，不得公开发行新股。

11. 公开发行公司债券，应当符合的条件是（　　）。

①具备健全且运行良好的组织机构

②最近三年平均可分配利润足以支付公司债券一年的利息

③国务院规定的其他条件

A. ①

B. ①②

C. ①②③

【答案】C

【解析】新《证券法》第十五条规定，公开发行公司债券，应当符合下列条件：（一）具备健全且运行良好的组织机构；（二）最近三年平均可分配利润足以支付公司债券一年的利息；（三）国务院规定的其他条件。

12. 改变公开发行公司债券筹集资金用途必须经（ ）作出决议。

A. 董事会

B. 监事会

C. 债券持有人会议

【答案】C

【解析】新《证券法》第十五条规定，公开发行公司债券筹集的资金，必须按照公司债券募集办法所列资金用途使用；改变资金用途，必须经债券持有人会议作出决议。公开发行公司债券募集的资金，不得用于弥补亏损和非生产性支出。

13. 申请公开发行公司债券，应当向国务院授权的部门或者国务院证券监督管理机构报送的文件不包括（ ）。

A. 公司债券募集办法

B. 公司宣传册

C. 公司营业执照

【答案】B

【解析】新《证券法》第十六条规定，申请公开发行公司债券，应当向国务院授权的部门或者国务院证券监督管理机构报送下列文件：（一）公司营业执照；（二）公司章程；（三）公司债券募集办法；（四）国务院授权的部门或者国务院证券监督管理机构规定的其他文件。

14.（ ）负责证券发行申请的注册。

A. 省级人民代表大会常务委员会

B. 全国人民代表大会

C. 国务院证券监督管理机构或者国务院授权的部门

【答案】C

【解析】新《证券法》第二十一条规定，国务院证券监督管理机构或者国务院授权的部门依照法定条件负责证券发行申请的注册。证券公开发行注册的具体办法由国务院规定。

15. 按照国务院的规定，（　　）等可以审核公开发行证券申请。

A. 证券交易所

B. 乡政府

C. 省政府

【答案】A

【解析】新《证券法》第二十一条规定，按照国务院的规定，证券交易所等可以审核公开发行证券申请，判断发行人是否符合发行条件、信息披露要求，督促发行人完善信息披露内容。

16. 国务院证券监督管理机构或者国务院授权的部门应当自受理证券发行申请文件之日起（　　）内，依照法定条件和法定程序作出予以注册或者不予注册的决定。

A. 三个月

B. 一年

C. 三年

【答案】A

【解析】新《证券法》第二十二条规定，国务院证券监督管理机构或者国务院授权的部门应当自受理证券发行申请文件之日起三个月内，依照法定条件和法定程序作出予以注册或者不予注册的决定，发行人根据要求补充、修改发行申请文件的时间不计算在内。不予注册的，应当说明理由。

17. 股票依法发行后，发行人经营与收益的变化，由（　　）自行负责；由此变化引致的投资风险，由（　　）自行负责。

A. 投资者；投资者

B. 发行人；投资者

C. 发行人；发行人

【答案】B

【解析】新《证券法》第二十五条规定，股票依法发行后，发行人经营与收益的变化，由发行人自行负责；由此变化引致的投资风险，由投资者自行负责。

18. 下列哪一项是证券公司承销证券的合法行为（　）。

A. 真实广告宣传

B. 虚假广告宣传

C. 误导性广告宣传

【答案】A

【解析】新《证券法》第二十九条规定，证券公司承销证券，不得有下列行为：（一）进行虚假的或者误导投资者的广告宣传或者其他宣传推介活动；（二）以不正当竞争手段招揽承销业务；（三）其他违反证券承销业务规定的行为。证券公司有前款所列行为，给其他证券承销机构或者投资者造成损失的，应当依法承担赔偿责任。

19. 上市公司持有（　）股份的股东不得违反持有期限规定。

A. 百分之一以上

B. 百分之二以上

C. 百分之五以上

【答案】C

【解析】新《证券法》第三十六条规定，上市公司持有百分之五以上股份的股东、实际控制人、董事、监事、高级管理人员，以及其他持有发行人首次公开发行前发行的股份或者上市公司向特定对象发行的股份的股东，转让其持有的本公司股份的，不得违反法律、行政法规和国务院证券监督管理机构关于持有期限、卖出时间、卖出数量、卖出方式、信息披露等规定，并应当遵守证券交易所的业务规则。

20. 为证券发行出具审计报告或者法律意见书等文件的证券服务机构和人员，在该证券承销期内和期满后（　）内，不得买卖该证券。

A. 六个月

B. 一年

C. 五年

【答案】A

【解析】新《证券法》第四十二条规定，为证券发行出具审计报告或者法律意见书等文件的证券服务机构和人员，在该证券承销期内和期满后六个月内，不得买卖该证券。

21. 申请证券上市交易，应当向（　　）提出申请，由证券交易所依法审核同意，并由双方签订上市协议。

A. 全国人民代表大会

B. 中国证监会

C. 证券交易所

【答案】C

【解析】新《证券法》第四十六条规定，申请证券上市交易，应当向证券交易所提出申请，由证券交易所依法审核同意，并由双方签订上市协议。

22. 申请证券上市交易，应当符合（　　）上市规则规定的上市条件。

A. 全国人民代表大会

B. 中国证监会

C. 证券交易所

【答案】C

【解析】新《证券法》第四十七条规定，申请证券上市交易，应当符合证券交易所上市规则规定的上市条件。

23. 上市交易的证券，有证券交易所规定的终止上市情形的，由（　　）按照业务规则终止其上市交易。

A. 全国人民代表大会

B. 中国证监会

C. 证券交易所

【答案】C

【解析】新《证券法》第四十八条规定，上市交易的证券，有证券交易所规定的终止上市情形的，由证券交易所按照业务规则终止其上市交易。

24. 下列哪一项不属于操纵证券市场的行为（　　）。

A. 以成交为目的，大量申报买入证券的行为

B. 利用虚假或者不确定的重大信息，诱导投资者进行证券交易

C. 对证券、发行人公开作出评价、预测或者投资建议，并进行反向证券交易

【答案】A

【解析】新《证券法》第五十五条规定，禁止任何人以下列手段操纵证券市场，影响或者意图影响证券交易价格或者证券交易量：（一）单独或者通过合谋，集中资金优势、持股优势或者利用信息优势联合或者连续买卖；（二）与他人串通，以事先约定的时间、价格和方式相互进行证券交易；（三）在自己实际控制的账户之间进行证券交易；（四）不以成交为目的，频繁或者大量申报并撤销申报；（五）利用虚假或者不确定的重大信息，诱导投资者进行证券交易；（六）对证券、发行人公开作出评价、预测或者投资建议，并进行反向证券交易；（七）利用在其他相关市场的活动操纵证券市场；（八）操纵证券市场的其他手段。

25. 下列哪一行为不属于证券公司及其从业人员从事的损害客户利益的行为（　　）。

A. 未经客户的委托，擅自为客户买卖证券，或者假借客户的名义买卖证券

B. 不在规定时间内向客户提供交易的确认文件

C. 按照客户的委托为其买卖证券

【答案】C

【解析】新《证券法》第五十七条规定，禁止证券公司及其从业人员从事下列损害客户利益的行为：（一）违背客户的委托为其买卖证券；（二）不在规定时间内向客户提供交易的确认文件；（三）未经客户的委托，擅自为客户买卖证券，或者假借客户的名义买卖证券；（四）为牟取佣金收入，诱使客户进行不必要的证券买卖；（五）其他违背客户真实意思表示，损害客户利益的行为。

违反前款规定给客户造成损失的，应当依法承担赔偿责任。

26. 投资者可以采取 （ ） 收购上市公司。

A. 要约收购

B. 协议收购

C. 要约收购、协议收购及其他合法方式

【答案】C

【解析】新《证券法》第六十二条规定，投资者可以采取要约收购、协议收购及其他合法方式收购上市公司。

27. 收购要约约定的收购期限不得少于 （ ） 日，并不得超过 （ ） 日。

A. 5；10

B. 10；20

C. 30；60

【答案】C

【解析】新《证券法》第六十七条规定，收购要约约定的收购期限不得少于三十日，并不得超过六十日。

28. 在上市公司收购中，收购人持有的被收购的上市公司的股票，在收购行为完成后的 （ ） 个月内不得转让。

A. 1

B. 3

C. 18

【答案】C

【解析】新《证券法》第七十五条规定，在上市公司收购中，收购人持有的被收购的上市公司的股票，在收购行为完成后的十八个月内不得转让。

29. 以下哪一项不属于新《证券法》对信息披露的要求？（ ）

A. 误导性陈述

B. 真实、准确、完整

C. 简明清晰，通俗易懂

【答案】A

【解析】新《证券法》第七十八条规定，信息披露义务人披露的信息，应当真实、准确、完整，简明清晰，通俗易懂，不得有虚假记载、误导性陈述或者重大遗漏。

30. 根据新《证券法》相关规定，公司应当在每一会计年度结束之日起（　　）个月内，报送并公告年度报告。

A. 2

B. 4

C. 8

【答案】B

【解析】新《证券法》第七十九条规定，上市公司、公司债券上市交易的公司、股票在国务院批准的其他全国性证券交易场所交易的公司，应当按照国务院证券监督管理机构和证券交易场所规定的内容和格式编制定期报告，并按照以下规定报送和公告：（一）在每一会计年度结束之日起四个月内，报送并公告年度报告，其中的年度财务会计报告应当经符合本法规定的会计师事务所审计；（二）在每一会计年度的上半年结束之日起二个月内，报送并公告中期报告。

31. （　　）应当对证券发行文件和定期报告签署书面确认意见。

A. 发行人的董事

B. 发行人的高级管理人员

C. 以上两者都是

【答案】C

【解析】新《证券法》第八十二条规定，发行人的董事、高级管理人员应当对证券发行文件和定期报告签署书面确认意见。

32. 信息披露义务人披露的信息应当（　　）向所有投资者披露。

A. 同时

B. 不同时

C. 随意

【答案】A

【解析】新《证券法》第八十三条规定，信息披露义务人披露的信息应当同时向所有投资者披露，不得提前向任何单位和个人泄露。但是，法律、行政法规另有规定的除外。

33. 依法披露的信息，应当在（ ）发布。

A. 证券交易场所的网站

B. 符合国务院证券监督管理机构规定条件的媒体

C. 以上两者都是

【答案】C

【解析】新《证券法》第八十六条规定，依法披露的信息，应当在证券交易场所的网站和符合国务院证券监督管理机构规定条件的媒体发布，同时将其置备于公司住所、证券交易场所，供社会公众查阅。

34. （ ）对信息披露义务人的信息披露行为进行监督管理。

A. 国务院证券监督管理机构

B. 乡政府

C. 街道办事处

【答案】A

【解析】新《证券法》第八十七条规定，国务院证券监督管理机构对信息披露义务人的信息披露行为进行监督管理。

证券交易场所应当对其组织交易的证券的信息披露义务人的信息披露行为进行监督，督促其依法及时、准确地披露信息。

35. 下列哪一项不属于证券公司向投资者销售证券、提供服务时，应当充分了解的投资者信息（ ）。

A. 财产状况

B. 喜欢的颜色

C. 投资知识和经验

【答案】B

【解析】新《证券法》第八十八条规定，证券公司向投资者销售证券、提供服务时，应当按照规定充分了解投资者的基本情况、财产状况、金融资产状况、投资知识和经验、专业能力等相关信息；如实说明证券、服务的重要内容，充分揭示投资风险；销售、提供与投资者上述状况相匹配的证券、服务。

36. 在下列哪种情况下，证券公司可以拒绝向投资者销售证券（　）。

A. 投资者拒绝提供信息

B. 投资者未按照要求提供信息

C. 以上两者都是

【答案】C

【解析】新《证券法》第八十八条规定，投资者在购买证券或者接受服务时，应当按照证券公司明示的要求提供前款所列真实信息。拒绝提供或者未按照要求提供信息的，证券公司应当告知其后果，并按照规定拒绝向其销售证券、提供服务。

37. 根据财产状况、金融资产状况、投资知识和经验、专业能力等因素，投资者可以分为（　）和（　）。

A. 普通投资者；专业投资者

B. 个人投资者；机构投资者

C. 合格投资者；机构投资者

【答案】A

【解析】新《证券法》第八十九条规定，根据财产状况、金融资产状况、投资知识和经验、专业能力等因素，投资者可以分为普通投资者和专业投资者。专业投资者的标准由国务院证券监督管理机构规定。

38. 普通投资者和专业投资者的区分因素不包括（　）。

A. 投资知识和经验

B. 金融资产状况

C. 毕业院校

【答案】C

【解析】新《证券法》第八十九条规定，根据财产状况、金融资产状况、投资知识和经验、专业能力等因素，投资者可以分为普通投资者和专业投资者。专业投资者的标准由国务院证券监督管理机构规定。

39. 普通投资者与证券公司发生纠纷的，（   ）应当证明其行为不存在误导、欺诈等情形。

A. 法院

B. 证券公司

C. 公安局

【答案】B

【解析】新《证券法》第八十九条规定，普通投资者与证券公司发生纠纷的，证券公司应当证明其行为符合法律、行政法规以及国务院证券监督管理机构的规定，不存在误导、欺诈等情形。证券公司不能证明的，应当承担相应的赔偿责任。

40. 下列哪一主体不可以作为征集人，代为行使提案权、表决权等股东权利（   ）。

A. 上市公司监事会

B. 投资者保护机构

C. 上市公司独立董事

【答案】A

【解析】新《证券法》第九十条规定，上市公司董事会、独立董事、持有百分之一以上有表决权股份的股东或者依照法律、行政法规或者国务院证券监督管理机构的规定设立的投资者保护机构，可以作为征集人，自行或者委托证券公司、证券服务机构，公开请求上市公司股东委托其代为出席股东大会，并代为行使提案权、表决权等股东权利。

41. 债券发行人未能按期兑付债券本息的，债券受托管理人可以以自己名义代表债券持有人（   ）。

A. 提起、参加民事诉讼

B. 清算程序

C. 以上两者都是

【答案】C

【解析】新《证券法》第九十二条规定，债券发行人未能按期兑付债券本息的，债券受托管理人可以接受全部或者部分债券持有人的委托，以自己名义代表债券持有人提起、参加民事诉讼或者清算程序。

42. 发行人因（　　）给投资者造成损失的，发行人的控股股东、实际控制人、相关的证券公司可以委托投资者保护机构，予以先行赔付。

①欺诈发行
②虚假陈述
③其他重大违法行为

A. ①

B. ①②

C. ①②③

【答案】C

【解析】新《证券法》第九十三条规定，发行人因欺诈发行、虚假陈述或者其他重大违法行为给投资者造成损失的，发行人的控股股东、实际控制人、相关的证券公司可以委托投资者保护机构，就赔偿事宜与受到损失的投资者达成协议，予以先行赔付。先行赔付后，可以依法向发行人以及其他连带责任人追偿。

43. 投资者与发行人、证券公司等发生纠纷的，双方可以向（　　）申请调解。

A. 证券交易所

B. 证券公司

C. 投资者保护机构

【答案】C

【解析】新《证券法》第九十四条规定，投资者与发行人、证券公司等发生纠纷的，双方可以向投资者保护机构申请调解。普通投资者与证券公司发生证券业务纠纷，普通投资者提出调解请求的，证券公司不得拒绝。

44. 投资者保护机构作为代表人参加诉讼，应受（ ）名以上的投资者委托。

A. 10

B. 50

C. 100

【答案】B

【解析】新《证券法》第九十五条规定，投资者保护机构受五十名以上投资者委托，可以作为代表人参加诉讼，并为经证券登记结算机构确认的权利人依照前款规定向人民法院登记，但投资者明确表示不愿意参加该诉讼的除外。

45. 实行会员制的证券交易所设（ ）。

A. 理事会

B. 监事会

C. 理事会、监事会

【答案】C

【解析】新《证券法》第一百零二条规定，实行会员制的证券交易所设理事会、监事会。

46. 证券投资者保护基金由（ ）组成。

A. 证券公司缴纳的资金

B. 其他依法筹集的资金

C. 以上两者都是

【答案】C

【解析】新《证券法》第一百二十六条规定，国家设立证券投资者保护基金。证券投资者保护基金由证券公司缴纳的资金及其他依法筹集的资金组成，其规模以及筹集、管理和使用的具体办法由国务院规定。

47. 对涉嫌证券违法、违规行为，（　　）有权向国务院证券监督管理机构举报。

A. 任何单位和个人

B. 证券交易所

C. 中国证监会

【答案】A

【解析】新《证券法》第一百七十六条规定，对涉嫌证券违法、违规行为，任何单位和个人有权向国务院证券监督管理机构举报。

48. 发现公职人员涉嫌职务违法或者职务犯罪的，应当依法移送（　　）处理。

A. 中国证监会

B. 证券交易所

C. 监察机关

【答案】C

【解析】新《证券法》第一百七十八条规定，国务院证券监督管理机构依法履行职责，发现证券违法行为涉嫌犯罪的，应当依法将案件移送司法机关处理；发现公职人员涉嫌职务违法或者职务犯罪的，应当依法移送监察机关处理。

49. 出借自己的证券账户或者借用他人的证券账户从事证券交易的，可以处（　　）万元以下的罚款。

A. 50

B. 100

C. 200

【答案】A

【解析】新《证券法》第一百九十五条，违反本法第五十八条的规定，出借自己的证券账户或者借用他人的证券账户从事证券交易的，责令改正，给予警告，可以处五十万元以下的罚款。

50. 违反新《证券法》规定，构成犯罪的，依法追究（　　）责任。

A. 民事

B. 刑事

C. 行政

【答案】B

【解析】新《证券法》第二百一十九条规定，违反本法规定，构成犯罪的，依法追究刑事责任。

二、判断题

1. 资产支持证券和资产管理产品没有写入新《证券法》。（　　）

【答案】×

【解析】新《证券法》第二条规定，资产支持证券、资产管理产品发行、交易的管理办法，由国务院依照本法的原则规定。

2. 国务院证券监督管理机构依法对全国证券市场实行集中统一监督管理。（　　）

【答案】√

【解析】新《证券法》第七条规定，国务院证券监督管理机构依法对全国证券市场实行集中统一监督管理。

国务院证券监督管理机构根据需要可以设立派出机构，按照授权履行监督管理职责。

3. 国家审计机关依法对证券交易场所、证券公司、证券登记结算机构、证券监督管理机构进行审计监督。（　　）

【答案】√

【解析】新《证券法》第八条规定，国家审计机关依法对证券交易场所、证券公司、证券登记结算机构、证券监督管理机构进行审计监督。

4. 公开发行公司债券募集的资金，不得用于弥补亏损和非生产性支出。（ ）

【答案】√

【解析】新《证券法》第十五条规定，公开发行公司债券募集的资金，不得用于弥补亏损和非生产性支出。

5. 违反新《证券法》规定，改变公开发行公司债券所募资金用途的，不得再次公开发行公司债券。（ ）

【答案】√

【解析】新《证券法》第十七条规定，有下列情形之一的，不得再次公开发行公司债券：（一）对已公开发行的公司债券或者其他债务有违约或者延迟支付本息的事实，仍处于继续状态；（二）违反本法规定，改变公开发行公司债券所募资金的用途。

6. 发行人报送的证券发行申请文件，应当充分披露投资者作出价值判断和投资决策所必需的信息。（ ）

【答案】√

【解析】新《证券法》第十九条规定，发行人报送的证券发行申请文件，应当充分披露投资者作出价值判断和投资决策所必需的信息，内容应当真实、准确、完整。

7. 为证券发行出具有关文件的证券服务机构和人员，可以出具不真实的文件。（ ）

【答案】×

【解析】新《证券法》第十九条规定，为证券发行出具有关文件的证券服务机构和人员，必须严格履行法定职责，保证其所出具文件的真实性、准确性和完整性。

8. 发行人申请首次公开发行股票的，不应该预先披露有关申请文件。（ ）

【答案】×

【解析】新《证券法》第二十条规定，发行人申请首次公开发行股票的，在提交申请文件后，应当按照国务院证券监督管理机构的规定预先披露有关申请文件。

9. 证券发行申请经注册后，发行人应按规定公告公开发行募集文件，并将该文件置备于指定场所供公众查阅。（ ）

【答案】√

【解析】新《证券法》第二十三条规定，证券发行申请经注册后，发行人应当依照法律、行政法规的规定，在证券公开发行前公告公开发行募集文件，并将该文件置备于指定场所供公众查阅。

10. 发行人向不特定对象发行的证券，法律、行政法规规定应当由证券公司承销的，发行人与证券公司之间可以不签订承销协议。（ ）

【答案】×

【解析】新《证券法》第二十六条规定，发行人向不特定对象发行的证券，法律、行政法规规定应当由证券公司承销的，发行人应当同证券公司签订承销协议。证券承销业务采取代销或者包销方式。

11. 公开发行证券的发行人有权依法自主选择承销的证券公司。（ ）

【答案】√

【解析】新《证券法》第二十七条规定，公开发行证券的发行人有权依法自主选择承销的证券公司。

12. 证券公司承销证券，应当同发行人签订代销或者包销协议。（ ）

【答案】√

【解析】新《证券法》第二十八条规定，证券公司承销证券，应当同发行人签订代销或者包销协议。

13. 向不特定对象发行证券聘请承销团承销的，承销团应当由主承销和参与承销的证券公司组成。（   ）

【答案】√

【解析】新《证券法》第三十条规定，向不特定对象发行证券聘请承销团承销的，承销团应当由主承销和参与承销的证券公司组成。

14. 证券的代销、包销期限最长不得超过十日。（   ）

【答案】×

【解析】新《证券法》第三十一条规定，证券的代销、包销期限最长不得超过九十日。

15. 股票发行采取溢价发行的，其发行价格由发行人与承销的证券公司协商确定。（   ）

【答案】√

【解析】新《证券法》第三十二条规定，股票发行采取溢价发行的，其发行价格由发行人与承销的证券公司协商确定。

16. 非依法发行的证券，不得买卖。（   ）

【答案】√

【解析】新《证券法》第三十五条规定，证券交易当事人依法买卖的证券，必须是依法发行并交付的证券。

非依法发行的证券，不得买卖。

17. 证券在证券交易所上市交易，应当采用非公开方式进行交易。（   ）

【答案】×

【解析】新《证券法》第三十八条规定，证券在证券交易所上市交易，应当采用公开的集中交易方式或者国务院证券监督管理机构批准的其他方式。

18. 证券交易当事人买卖的证券可以采用纸面形式或者国务院证券监督管理机构规定的其他形式。（　）

【答案】√

【解析】新《证券法》第三十九条规定，证券交易当事人买卖的证券可以采用纸面形式或者国务院证券监督管理机构规定的其他形式。

19. 证券交易场所、证券公司、证券登记结算机构、证券服务机构及其工作人员不得泄露所知悉的商业秘密。（　）

【答案】√

【解析】新《证券法》第四十一条规定，证券交易场所、证券公司、证券登记结算机构、证券服务机构及其工作人员应当依法为投资者的信息保密，不得非法买卖、提供或者公开投资者的信息。

证券交易场所、证券公司、证券登记结算机构、证券服务机构及其工作人员不得泄露所知悉的商业秘密。

20. 证券交易活动中，对发行人证券的市场价格有重大影响的尚未公开的信息是内幕信息。（　）

【答案】√

【解析】新《证券法》第五十二条规定，证券交易活动中，涉及发行人的经营、财务或者对该发行人证券的市场价格有重大影响的尚未公开的信息，为内幕信息。

本法第八十条第二款、第八十一条第二款所列重大事件属于内幕信息。

21. 任何单位和个人不得编造、传播虚假信息或者误导性信息，扰乱证券市场。（　）

【答案】√

【解析】新《证券法》第五十六条规定，禁止任何单位和个人编造、传播虚假信息或者误导性信息，扰乱证券市场。

22. 个人可以借用他人的证券账户从事证券交易。（ ）

【答案】×

【解析】新《证券法》第五十八条规定，任何单位和个人不得违反规定，出借自己的证券账户或者借用他人的证券账户从事证券交易。

23. 国有独资企业、国有独资公司、国有资本控股公司买卖上市交易的股票，必须遵守国家有关规定。（ ）

【答案】√

【解析】新《证券法》第六十条规定，国有独资企业、国有独资公司、国有资本控股公司买卖上市交易的股票，必须遵守国家有关规定。

24. 上市公司发行不同种类股份的，收购人可以针对不同种类股份提出不同的收购条件。（ ）

【答案】√

【解析】新《证券法》第六十九条规定，收购要约提出的各项收购条件，适用于被收购公司的所有股东。

上市公司发行不同种类股份的，收购人可以针对不同种类股份提出不同的收购条件。

25. 证券同时在境内境外公开发行、交易的，其信息披露义务人在境外披露的信息，应当在境内同时披露。（ ）

【答案】√

【解析】新《证券法》第七十八条规定，证券同时在境内境外公开发行、交易的，其信息披露义务人在境外披露的信息，应当在境内同时披露。

26. 发行人的董事、监事和高级管理人员应当保证发行人及时、公平地披露信息，所披露的信息真实、准确、完整。（ ）

【答案】√

【解析】新《证券法》第八十二条规定，发行人的董事、监事和高级管理人员应当保证发行人及时、公平地披露信息，所披露的信息真实、准确、完整。

27. 信息披露义务人可以自愿披露与投资者作出价值判断和投资决策有关的信息。（　）

【答案】√

【解析】新《证券法》第八十四条规定，除依法需要披露的信息之外，信息披露义务人可以自愿披露与投资者作出价值判断和投资决策有关的信息，但不得与依法披露的信息相冲突，不得误导投资者。

28. 新《证券法》禁止以有偿或者变相有偿的方式公开征集股东权利。（　）

【答案】√

【解析】新《证券法》第九十条规定，禁止以有偿或者变相有偿的方式公开征集股东权利。

29. 投资者保护机构对损害投资者利益的行为，可以依法支持投资者向人民法院提起诉讼。（　）

【答案】√

【解析】新《证券法》第九十四条规定，投资者保护机构对损害投资者利益的行为，可以依法支持投资者向人民法院提起诉讼。

30. 证券交易所可以根据证券品种、行业特点、公司规模等因素设立不同的市场层次。（　）

【答案】√

【解析】新《证券法》第九十七条规定，证券交易所、国务院批准的其他全国性证券交易场所可以根据证券品种、行业特点、公司规模等因素设立不同的市场层次。

31. 区域性股权市场为非公开发行证券的发行、转让提供场所和设施。（ ）

【答案】√

【解析】新《证券法》第九十八条规定，按照国务院规定设立的区域性股权市场为非公开发行证券的发行、转让提供场所和设施，具体管理办法由国务院规定。

32. 实行会员制的证券交易所的财产积累归会员所有，并且可以随时将其财产积累分配给会员。（ ）

【答案】×

【解析】新《证券法》第一百零一条规定，实行会员制的证券交易所的财产积累归会员所有，其权益由会员共同享有，在其存续期间，不得将其财产积累分配给会员。

33. 证券交易所允许非会员直接参与股票的集中交易。（ ）

【答案】×

【解析】新《证券法》第一百零五条规定，进入实行会员制的证券交易所参与集中交易的，必须是证券交易所的会员。证券交易所不得允许非会员直接参与股票的集中交易。

34. 证券公司可以将投资者的账户提供给他人使用。（ ）

【答案】×

【解析】新《证券法》第一百零七条规定，证券公司为投资者开立账户，应当按照规定对投资者提供的身份信息进行核对。

证券公司不得将投资者的账户提供给他人使用。

投资者应当使用实名开立的账户进行交易。

35. 证券交易即时行情的权益由证券交易所依法享有。（ ）

【答案】√

【解析】新《证券法》第一百零九条规定，证券交易所应当为组织公平的集中交易提供保障，实时公布证券交易即时行情，并按交易日制作证券市场行情表，予以公布。

证券交易即时行情的权益由证券交易所依法享有。未经证券交易所许可，任何单位和个人不得发布证券交易即时行情。

36. 个人可以从事证券融资融券业务。（　）

【答案】×

【解析】新《证券法》第一百二十条规定，除证券公司外，任何单位和个人不得从事证券承销、证券保荐、证券经纪和证券融资融券业务。

37. 证券公司从每年的业务收入中提取交易风险准备金，用于弥补证券经营的损失。（　）

【答案】√

【解析】新《证券法》第一百二十七条规定，证券公司从每年的业务收入中提取交易风险准备金，用于弥补证券经营的损失，其提取的具体比例由国务院证券监督管理机构会同国务院财政部门规定。

38. 证券公司可以将自己的自营账户借给他人使用。（　）

【答案】×

【解析】新《证券法》第一百二十九条规定，证券公司的自营业务必须以自己的名义进行，不得假借他人名义或者以个人名义进行。

证券公司的自营业务必须使用自有资金和依法筹集的资金。

证券公司不得将其自营账户借给他人使用。

39. 证券公司可以允许他人以证券公司的名义直接参与证券的集中交易。（　）

【答案】×

【解析】新《证券法》第一百三十四条规定，证券公司办理经纪业务，不得接受客户的全权委托而决定证券买卖、选择证券种类、决定买卖数量或者买卖价格。

证券公司不得允许他人以证券公司的名义直接参与证券的集中交易。

40. 证券公司的从业人员可以私下接受客户委托买卖证券。（　）

【答案】×

【解析】新《证券法》第一百三十六条规定，证券公司的从业人员不得私下接受客户委托买卖证券。

41. 证券登记结算机构为证券交易提供集中登记、存管与结算服务。（　）

【答案】√

【解析】新《证券法》第一百四十五条规定，证券登记结算机构为证券交易提供集中登记、存管与结算服务，不以营利为目的，依法登记，取得法人资格。

设立证券登记结算机构必须经国务院证券监督管理机构批准。

42. 在证券交易所和国务院批准的其他全国性证券交易场所交易的证券的登记结算，可以采取不同的运营方式。（　）

【答案】×

【解析】新《证券法》第一百四十八条规定，在证券交易所和国务院批准的其他全国性证券交易场所交易的证券的登记结算，应当采取全国集中统一的运营方式。

43. 在证券交易所或者国务院批准的其他全国性证券交易场所交易的证券，应当全部存管在证券登记结算机构。（　）

【答案】√

【解析】新《证券法》第一百五十条规定，在证券交易所或者国务院批准的其他全国性证券交易场所交易的证券，应当全部存管在证券登记结算机构。

证券登记结算机构不得挪用客户的证券。

44. 投资者申请开立账户，应当持有证明中华人民共和国公民、法人、合伙企业身份的合法证件。（　）

【答案】√

【解析】新《证券法》第一百五十七条规定，投资者申请开立账户，应当持有证明中华人民共和国公民、法人、合伙企业身份的合法证件。国家另有规定的除外。

45. 从事证券投资咨询服务业务，应当经国务院证券监督管理机构核准。（　）

【答案】√

【解析】新《证券法》第一百六十条第二款规定，从事证券投资咨询服务业务，应当经国务院证券监督管理机构核准；未经核准，不得为证券的交易及相关活动提供服务。从事其他证券服务业务，应当报国务院证券监督管理机构和国务院有关主管部门备案。

46. 证券业协会是证券业的自律性组织。（　）

【答案】√

【解析】新《证券法》第一百六十四条规定，证券业协会是证券业的自律性组织，是社会团体法人。

47. 国务院证券监督管理机构依据调查结果，对证券违法行为作出的处罚决定，应当公开。（　）

【答案】√

【解析】新《证券法》第一百七十四条规定，国务院证券监督管理机构依据调查结果，对证券违法行为作出的处罚决定，应当公开。

48. 境外证券监督管理机构可以在中华人民共和国境内直接进行调查取证等活动。（　）

【答案】×

【解析】新《证券法》第一百七十七条规定，境外证券监督管理机构不得在中华人民共和国境内直接进行调查取证等活动。未经国务院证券监督管理机构和国务院有关主管部门同意，任何单位和个人不得擅自向境外提供与证券业务活动有关的文件和资料。

49. 对擅自设立的证券公司，由国务院证券监督管理机构予以取缔。（ ）

【答案】√

【解析】新《证券法》第二百零二条规定，对擅自设立的证券公司，由国务院证券监督管理机构予以取缔。

50. 国务院证券监督管理机构依法将有关市场主体遵守新《证券法》的情况纳入证券市场诚信档案。（ ）

【答案】√

【解析】新《证券法》第二百一十五条规定，国务院证券监督管理机构依法将有关市场主体遵守本法的情况纳入证券市场诚信档案。

策划编辑：李甜甜
封面设计：胡欣欣
责任校对：段雨菲

图书在版编目(CIP)数据

轻松读懂新《证券法》/ 上海证券交易所编著. —北京：人民出版社，
　2020.7
ISBN　978-7-01-022234-9

Ⅰ.①轻… Ⅱ.①上… Ⅲ.①证券法－研究－中国
　Ⅳ.D922.287.4

中国版本图书馆 CIP 数据核字(2020)第 107871 号

轻松读懂新《证券法》
QINGSONG DUDONG XIN ZHENGQUANFA

上海证券交易所 编著

人   出版社 出版发行

（100706　北京市东城区隆福寺街 99 号）

北京汇林印务有限公司印刷　新华书店经销

2020 年 7 月第 1 版　2020 年 7 月北京第 1 次印刷
开本：710 毫米×1000 毫米　1/16　印张：15
字数：230 千字

ISBN 978-7-01-022234-9　定价：48.00 元

邮购地址 100706　北京市东城区隆福寺街 99 号
人民东方图书销售中心　电话 (010)65250042　65289539